JESUCRISTO
EL INCOMPARABLE

LIBROS DE EVIS L. CARBALLOSA

Apocalipsis: La consumación del plan eterno de Dios
Cristo en el milenio: La gloria del Rey de reyes
Daniel y el reino mesiánico
Génesis: La revelación del plan eterno de Dios
Jesucristo el incomparable
Mateo: La revelación de la realeza de Cristo
Romanos: Una orientación expositiva y práctica
Santiago: Una fe en acción

JESUCRISTO
EL INCOMPARABLE

EVIS L. CARBALLOSA

EDITORIAL
PORTAVOZ

La misión de *Editorial Portavoz* consiste en proporcionar productos de calidad —con integridad y excelencia—, desde una perspectiva bíblica y confiable, que animen a las personas a conocer y servir a Jesucristo.

Las cursivas en los versículos bíblicos son énfasis del autor.

EDITORIAL PORTAVOZ
2450 Oak Industrial Drive NE
Grand Rapids, Michigan 49505 USA
Visítenos en: www.portavoz.com

ISBN 978-0-8254-5895-8 (rústica)
ISBN 978-0-8254-6795-0 (Kindle)
ISBN 978-0-8254-7617-4 (epub)

2 3 4 5 edición / año 28 27 26 25

Impreso en los Estados Unidos de América
Printed in the United States of America

Contenido

Prólogo

En repetidas ocasiones, se ha dicho que el cristianismo es Cristo. Él es la piedra angular de la fe cristiana. Pero existen en nuestro tiempo varios intentos de tergiversar la cristología bíblica a favor de algún sistema teológico o de alguna ideología en el plano social. Es posible hablar de diversos cristos que deambulan por la escena contemporánea, pretendiendo suplantar al Cristo de las Escrituras. Y, en ciertos casos, Él ha sufrido más en manos de los que profesan seguirle que en las de sus enemigos. La cristología de teólogos católicos y protestantes de vanguardia es una prueba de este aserto.

Por otra parte, no siempre se explica el significado bíblico de la persona y la obra de Cristo en la así llamada «predicación evangelística», en la cual muchas veces el evangelio del Nuevo Testamento brilla por su ausencia. ¿Cómo puede haber evangelio auténtico si el Cristo de Dios no es anunciado?

Por estas y otras razones es imperativo estudiar y proclamar lo que las Escrituras revelan respecto a Jesucristo. De ello se ocupa el doctor Evis Carballosa en el presente libro, cuyo objetivo principal es subrayar la deidad del Señor Jesús. Este énfasis es muy necesario en la época actual, cuando muchos soslayan la deidad del Cristo, acomodándose a la mentalidad que se resiste a creer en lo sobrenatural; en tanto que otros exaltan la humanidad de Jesús de Nazaret, con menoscabo de su deidad, al servicio de intereses ideológicos en lo político y social.

Está muy de moda hablar del Jesús hombre, y no del Cristo que, según el testimonio de las Escrituras, es Dios-Hombre verdadero.

No es tan solo de hoy ni de ayer que se pierde el equilibrio cristológico en el seno de la cristiandad. Ya en los primeros tiempos de la Iglesia hubo quienes negaban la humanidad del Verbo, y no faltaron tampoco los que rechazaban su deidad. Precisamente, el doctor Carballosa inicia su exposición con un esbozo histórico de las grandes controversias cristológicas que han tenido lugar a través de los siglos.

En la segunda parte del libro, el autor presenta el testimonio bíblico en cuanto a la deidad de Jesucristo. Aquí está el meollo de la obra, para los que imitando a Tomás el apóstol hemos caído a los pies de Jesús llamándolo Señor y Dios.

Es indudable que el libro que aquí prologamos, como en el caso de los otros libros del doctor Carballosa, puede ser una gran bendición para el pueblo evangélico y un medio eficaz para que muchas personas lleguen a conocer personalmente al Cristo revelado en la palabra escrita de Dios. ¡Que a Él «sea la alabanza, la honra, la gloria y el poder, por los siglos de los siglos»! Amén.

Emilio Antonio Núñez C.

Introducción

La doctrina de la deidad y de la perfecta humanidad de Cristo ha sido y sigue siendo uno de los pilares fundamentales de la iglesia cristiana, nadie que la niegue merece llamarse cristiano en el sentido pleno de la palabra. Si Cristo no es Dios encarnado, es decir, la segunda persona de la Santísima Trinidad, la fe cristiana no podría sostenerse.

Esta doctrina ha sido creída y enseñada por la mayoría de los cristianos a lo largo de los siglos por considerarla como una enseñanza de profunda raigambre bíblica e indiscutiblemente apostólica. Quienes la han negado han sido declarados herejes.

En varios concilios eclesiásticos de la antigüedad se discutió tanto el tema de la deidad como el de la humanidad de nuestro Señor. En cada una de esas ocasiones, el llamado sector ortodoxo de la Iglesia afirmó que Jesucristo es verdadero Dios y verdadero hombre impecable. Es cierto que algunos grupos han enfatizado la deidad de Cristo a expensas de su humanidad, mientras que otros han enfatizado la humanidad a expensas de su deidad. Ambos extremos, sin embargo, han sido rotundamente rechazados por teólogos que desean ser fieles a las enseñanzas de la Palabra de Dios.

A lo largo de los siglos, numerosos teólogos ortodoxos han afirmado enfáticamente que Cristo es absoluta deidad y perfecta humanidad.[1] En años recientes, sin embargo, teólogos influyentes, tanto católicos como protestantes, se han pronunciado abiertamente en contra de la doctrina de la deidad de Cristo. A esta postura se la

1. Véase Philip Schaff, *The Creeds of Christendom* (vol. 1), pp. 30-32.

ha llamado «una nueva cristología», «cristología en crisis» o «el debate cristológico contemporáneo». Este debate cristológico ha coincidido con otro debate, el bibliológico. No es esta una extraña coincidencia, sino más bien una secuela lógica. Poner en tela de juicio la autoridad de la Biblia engendra un debilitamiento de las doctrinas que de esta se derivan. Una dilución de la bibliología casi siempre ha dado como resultado una cristología débil. No es de extrañarse que la mayoría de los que niegan la deidad de Cristo comienzan con la negación de la inspiración plenaria y verbal de las Sagradas Escrituras. No debe olvidarse el hecho de que la teología sana es el resultado de una exégesis sana y una hermenéutica seria y congruente de las Escrituras.

Ante esta situación, se hace necesario enfocar de nuevo el tema de la persona de Cristo. Hoy, como en los días del ministerio terrenal de Jesús, la pregunta: «¿Quién dicen los hombres que es el Hijo del Hombre?» tiene una vigencia indiscutible. Hombres ocupados en todas las ramas del saber (teólogos, historiadores, sociólogos, filósofos, literatos, políticos, etc.) han dicho y escrito muchas cosas respecto a Cristo. Sin restar importancia a lo que los hombres han dicho y siguen diciendo, lo más importante en el estudio de la cristología continúa siendo el testimonio de la Palabra de Dios. De ahí que este trabajo, sin menospreciar las obras producidas por eruditos en la materia, dé prioridad a la exégesis bíblica. Debe señalarse el hecho de que los cuatro Evangelios con los que comienza el Nuevo Testamento son documentos históricos cuyo contenido debe tenerse en cuenta. Dichos documentos fueron escritos por testigos fieles y deben estudiarse con toda seriedad y respeto. El testimonio de los autores de los Evangelios no debe soslayarse, ni es válido decir que ellos no los escribieron, sino que es el testimonio de la iglesia primitiva.

Las Escrituras dan testimonio de Cristo (Jn. 5:39). Escudriñarlas, por lo tanto, debe ser la tarea primordial de todo aquel que desea saber a cabalidad quién es Jesucristo. Así pues, el propósito de este trabajo es investigar lo que la Biblia dice respecto a Cristo y en base a dicha investigación establecer algunas diferencias entre la llamada «nueva cristología» y la cristología de las Escrituras. El móvil primordial de esta tarea es glorificar a Dios mediante una exposición fiel de la Palabra de Dios. Sobra decir que debido a la limitación de espacio, este trabajo dejará grandes lagunas sin explorar e interrogantes sin contestar. Se espera, sin embargo, que otros estudiosos de la teología bíblica investiguen y profundicen este tema. La iglesia cristiana necesita el aporte de exégetas y expositores de las Escrituras que con toda seriedad y fidelidad den a conocer al pueblo de Dios las verdades de la Biblia.

El reto que confronta el estudiante de la Biblia hoy es, al mismo tiempo, formidable y multiforme. Por un lado está el humanismo con sus postulados de que el hombre es intrínsecamente bueno y capaz de autoperfeccionarse mediante el uso de su inteligencia y experiencia. El humanismo se ha convertido en una religión cuyo centro es el hombre y las necesidades humanas. Dios no cuenta en las elucubraciones del humanismo. A eso hay que añadirle el racionalismo moderno, que rechaza todo absoluto, incluyendo la existencia de Dios. La filosofía posmodernista de nuestros días considera que toda verdad es subjetiva y relativa. Enseña que Dios no hace falta, que el hombre puede por sí solo resolver todos sus problemas, que en el universo no hay absolutos.

Por otro lado está el naturalismo, estrechamente asociado con el humanismo, pero con diferentes proyecciones. El naturalismo rechaza toda explicación sobrenatural de la realidad. Solo acepta como verdad lo que se puede probar científicamente. Dicen que la única realidad que existe es este mundo del cual formamos parte y que no depende de ningún ser sobrenatural para su subsistencia. Otro reto para el estudioso de las Escrituras, particularmente desde el siglo xx, ha sido el existencialismo. Este movimiento filosófico surgió poco después de la Primera Guerra Mundial (aunque sus raíces preceden a dicho acontecimiento) como una reacción o rebelión en contra de la apatía de los intelectuales, los gobiernos, las universidades, la religión y otras instituciones frente a los problemas de la sociedad.

El existencialismo pretende llegar a conocer al ser humano y su condición, separando al individuo de la multitud. La persona se convierte en una especie de eje alrededor del cual gira la verdad, pero la verdad es algo existencial, es decir que, para conocerla, el hombre tiene que ser actor y no espectador de ella. Una de las características del existencialismo es su subjetivismo y la negación de una revelación proposicional.

Mucho podría decirse del desafío del racionalismo, el materialismo, el universalismo y otras corrientes, tanto filosóficas como teológicas, que tratan de socavar los fundamentos de la fe cristiana. Incumbe al estudioso de las Escrituras, al pastor, al evangelista, al teólogo, permanecer firme frente al reto de los que se oponen a la verdad bíblica, pero, al mismo tiempo, estar bien informado y dispuesto a exponer dicha verdad. Por último, hay que señalar que el siglo XXI está siendo dominado por el llamado posmodernismo. Esta filosofía, que extrañamente comenzó con la arquitectura, tiene como centro hacer que todo ser humano sea su propio dios. Según el posmodernismo, Dios no existe como ser único y absoluto. Enseña que Dios no hace falta, que el hombre es capaz por sí mismo de resolver todos sus problemas. Por lo tanto, Dios es innecesario. Toda esta situación exige la presencia de expositores preparados y dedicados a honrar a Dios y a su Palabra. La Sagrada Escritura es la única que tiene vigencia eterna.

1

Las primeras herejías cristológicas

DESDE MUY TEMPRANO en su historia, la Iglesia ha sufrido ataques de corrientes contrarias a la fe que profesa. Es cierto que el cristianismo ha vivido siempre en medio de gran oposición. Con todo eso, el mayor daño que la Iglesia ha sufrido no ha sido causado por ataques externos, aunque sin duda estos han sido grandes, sino más bien producido por la infiltración de doctrinas contrarias a la Palabra de Dios y a los postulados del evangelio.

No es de dudarse que durante el período apostólico, cuando el canon del Nuevo Testamento estaba en su formación, muchos trataban de dar respuesta a algunas preguntas que se formulaban. Por ejemplo: ¿Quién es Jesucristo? ¿Qué relación tiene Jesús con la eterna Deidad? ¿Qué relación tiene lo que Jesús enseñó con las leyes rituales del Antiguo Testamento? ¿Qué significado y alcance tiene la salvación? ¿Se relaciona la salvación con el cuerpo físico, el alma o con ambos? ¿De qué y por qué tiene que ser salvo el hombre?

Ciertamente estas preguntas no eran ni son fácilmente contestadas, especialmente sin la base autoritativa de los libros canónicos. Fue así, seguramente, que falsos maestros, introduciéndose dentro de las congregaciones cristianas, ponían en peligro la armonía y la existencia misma de las jóvenes asambleas de creyentes. Dos corrientes que parecen haber afectado el desarrollo de congregaciones apostólicas se caracterizaban por sus tendencias legalistas y filosóficas. Aunque dichas corrientes heréticas no se habían desarrollado hasta el punto en que lo hicieron en el siglo II, sus enseñanzas estaban haciéndose sentir. Hubo un período de incubación de las enseñanzas heréticas, aun en el período apostólico. Después de los apóstoles, las herejías surgieron con mayor ímpetu (véanse Hch. 20:29-31, 2 P. 2:1-3; Jud. vv. 3-7).

Los ebionitas

Una de las primeras corrientes que hizo sentir su influencia dentro de la iglesia cristiana fue la de los llamados *ebionitas* cuyo nombre se deriva del hebreo *ebión*, que significa «pobre».

Según algunos historiadores,[1] había generalmente tres grupos de *ebionitas*, aunque no era muy fácil poder hacer las distinciones pertinentes entre los tres. No obstante, las siguientes diferencias eran observables: 1) Los cristianos judíos que demandaban una completa observancia de la ley por parte de los creyentes. Aunque este grupo también incluía otros que guardaban la ley estrictamente sin exigir que otros lo hicieran. 2) Los llamados cristianos judaizantes, que consideraban a Pablo como un apóstata de la ley mosaica y afirmaban que era necesario que todos los cristianos fuesen circuncidados y guardasen la ley estrictamente. Estos consideraban a Cristo como una criatura y además negaban su concepción virginal. 3) Los que tenían una tendencia filosófica-especulativa, que consideraban a Jerusalén como el centro del mundo religioso, practicaban un ascetismo estricto, consideraban a Cristo como una criatura, pero como el Señor de los ángeles, y al Espíritu Santo como un ángel de sexo femenino que acompañaba a Cristo.

Sin embargo, los distintos grupos *ebionitas* tenían en común su adherencia a la ley mosaica. Exigían que, por lo menos, los judíos fueran los que guardaran la ley, aunque veían con buenos ojos si los gentiles hacían lo mismo. También tenían la tendencia a interpretar

1. Reinhold Seeberg, *Manual de historia de las doctrinas*, tomo I, pp. 96-101.

a la persona de Cristo como un mero hombre, privilegiado por el descenso del Espíritu Santo sobre su persona a la hora de su bautismo.

Los gnósticos

Un tema muy discutido ha sido el de la posible relación entre la iglesia primitiva y el gnosticismo. Algunos eruditos afirman que el gnosticismo tuvo su origen en un tiempo posterior al cristianismo, mientras que otros hablan categóricamente de un gnosticismo precristiano.[2]

La palabra gnosticismo se deriva del vocablo griego *gnosis*, que significa «conocimiento». El gnosticismo era una filosofía racionalista con tendencia intelectualmente exclusivista, que pretendía dar una respuesta a la interrogante de la existencia del mal y al origen del universo. Los gnósticos consideraban la fe como algo inferior. Por ser un alto nivel de conocimiento, la *gnosis* era el canal de la salvación. Para los gnósticos, sin embargo, la *gnosis* no era un conocimiento intelectual adquirido mediante un esfuerzo mental, sino que era algo de origen sobrenatural. La *gnosis* era en sí producto de la revelación divina.[3] Para los gnósticos, ese conocimiento adquirido, supuestamente por revelación, es en sí redención perfecta.

El gnosticismo era sustancialmente de origen pagano.[4] Esencialmente es un sincretismo que incluye la filosofía helenística, las religiones orientales, los misterios de la Babilonia antigua, los cultos egipcios, el judaísmo heterodoxo y algunas ideas cristianas, particularmente las relacionadas con el concepto de la salvación.[5] Según el afamado historiador Philip Schaff: «El gnosticismo es, por lo tanto, la forma más grande y comprehensiva de sincretismo especulativo religioso conocido en la historia».[6]

2. Edwin M. Yamauchi, *Pre-Christian Gnosticism,* pp. 20-28.
3. Otto W. Heick, *A History of Christian Thought*, vol. I, p. 69.
4. Philip Schaff, *History of Christianity,* vol. II, p. 445.
5. *Ibíd.*, p. 448.
6. *Ibíd.*, pp. 442-460.

En cuanto a Cristo, los gnósticos decían que era una emanación o *eón* salido de Dios. Por medio de ese *eón* (el más perfecto de todos) se efectúa el regreso del mundo material sensible al mundo ideal que está más allá de los sentidos. Los gnósticos lograron introducirse en la iglesia cristiana porque aparentaban tener una alta estimación hacia Cristo, aunque, en el último análisis, creían que el Señor había venido solo a disipar la ignorancia. Los maestros de esta secta ponían el énfasis sobre las enseñanzas de Cristo, dándole poca importancia a la persona y la obra de Jesús. Los gnósticos colocaban a un ser intermedio o *demiurgo* que era el creador del mundo material. Los gnósticos claramente negaban tanto la absoluta deidad como la perfecta humanidad de Cristo.[7]

Los docetas

El docetismo es una variante del gnosticismo. El nombre procede del vocablo griego *dokéo*, que significa «dar la apariencia de algo». Los docetas afirmaban que el nacimiento, el cuerpo, los sufrimientos y la muerte de Cristo fueron solamente una apariencia ilusoria. Cristo solo asumió forma visible como una visión transitoria para revelarse a sí mismo a los sentidos naturales del hombre.[8]

El docetismo era un resultado del dualismo, que caracterizaba a todos los sistemas gnósticos. Este dualismo consistía en afirmar que todo lo material es malo. Solo aquello que es espíritu es bueno. La conclusión a la que arribaban los docetas era que si Cristo era bueno (cosa que ellos afirmaban), entonces no podía tener un cuerpo material real.

El gnosticismo y su variante, el docetismo, negaban la doctrina de la encarnación de Cristo. En ese sentido rechazaban la doctrina de la verdadera humanidad del Señor. Debido a que Cristo era considerado como una emanación (*eón*) de Dios, el docetismo reducía la

7. Véase Millard J. Erickson, *The Word Became Flesh: A Contemporary Incarnational Christology*, pp. 42-47.

8. *Ibíd.*

deidad de Cristo y en realidad destruía la personalidad histórica de Jesús. Al no concederle un cuerpo real, los docetas tenían que negar la realidad de la crucifixión.

En resumen, el Redentor no era ni hombre real ni Dios absoluto, según la herejía de los docetas. Ni murió en la cruz ni resucitó de los muertos.[9] Como es de esperarse, los docetas también negaban una segunda venida corporal y judicial de Cristo a la tierra. Estos conceptos paganos de la cristología se infiltraron en la iglesia cristiana a principios del siglo II de nuestra era, si no antes, y causaron gran confusión en la mente de muchos. Solo la apologética y la exposición bíblica de hombres como Ireneo,[10] Justino Mártir[11], Tertuliano,[12] Hipólito[13] y otros lograron ahuyentar el peligro que se cernía sobre la iglesia en aquella etapa temprana de su historia. El trabajo realizado por los líderes de la iglesia, particularmente en aquel tiempo, fue crucial, ya que sentó las bases para las discusiones posteriores. De importancia capital fue el hecho de la necesidad de identificar el canon de las Escrituras, para poder combatir con autoridad las herejías que amenazaban la vida de la Iglesia.

Monarquismo

El nombre monarquismo fue usado por primera vez por Tertuliano (150-220 d.C.) para designar a grupos antitrinitarios que surgieron durante el siglo III.[14] El historiador Earle E. Cairns señala lo siguiente:

> Algunas razones prácticas hicieron esencial que la iglesia desarrollase la lista de libros que debían formar el canon del Nuevo

---

9. Harry R. Boer, *A Short History of the Early Church*, p. 60.

10. Ireneo, *Adversus haereses*.

11. Justino, *Apologías*.

12. Tertuliano, *Liber de praescriptionibus adversus haereticos*, *Adversus Praxeam* y *Adversus Marcionem*.

13. Hipólito, *Philosophumena*.

14. Véase *Ante-Nicene Fathers*, vol. III, p. 680.

> Testamento. Herejes, como Marción, estaban formando su propio canon de las Escrituras y estaban desviando a los creyentes. En tiempos de persecución muchos no querían arriesgar sus vidas por un libro, a menos que estuvieran seguros de que ese libro era parte integral del canon de las Escrituras. Además, debido a que los apóstoles poco a poco estaban pasando de la escena, se hacía necesario la existencia de un registro que pudiese ser reconocido como autoritativo y preparado para el uso en la adoración.[15]

Lo dicho por el profesor Cairns es acertado. La Iglesia necesitaba el canon del Nuevo Testamento, tanto para hacer frente a las numerosas herejías como para la exposición del mensaje apostólico. Aunque la formación del canon se hizo despacio, ya para el año 175 d.C. estaba casi completado.[16]

Los monarquistas también recibieron el nombre de *unitarios* a causa del énfasis que daban a la unidad numérica y personal de la Deidad.

Había fundamentalmente dos grupos monarquistas: 1) Los racionalistas o dinámicos, y 2) los modalistas o patripasianos. Los racionalistas o dinámicos negaban la deidad de Cristo, considerándolo como una fuerza o poder, mientras que los modalistas identificaban al Hijo con el Padre, negando así la pluralidad de personas en la Deidad y aceptando una trinidad económica, es decir, un triple modo de revelación en lugar de una trinidad de personas.

Monarquismo racionalista o dinámico

Este grupo consideraba a Cristo como un mero hombre lleno del poder divino (a semejanza de Moisés o Elías). Ese poder divino existía en Cristo desde el principio de su vida, pues los monarquistas admitían que Jesús había sido generado sobrenaturalmente por

---

15. Earle E. Cairns, *Christianity Through the Centuries: A History of the Christian Church*, pp. 118-119.

16. *Ibíd.*

el Espíritu Santo. A esta clase de monarquismo pertenecían varios grupos:

1. *Los teodosianos:* Grupo fundado por un tal Teodoto el curtidor, quien después de haber negado a Cristo durante una de las persecuciones afirmó que solamente había negado a un hombre. Teodoto fue finalmente excomulgado por Víctor, el obispo de Roma.[17]

2. *Los artemistas:* Este grupo fue fundado por Artemo, quien se había trasladado a Roma y comenzó a predicar que la doctrina de la deidad de Cristo era una invocación y un regreso al politeísmo pagano. Artemo fue excomulgado por Ceferino (202-217 d.C.) y acusado de usar argumentos filosóficos para apoyar sus enseñanzas.

3. *Pablo de Samósata:* Llegó a ser el más famoso de los monarquistas racionalistas. En el año 260 d.C., era obispo de Antioquía, al mismo tiempo que ocupaba un elevado puesto civil. Negaba la personalidad del *Lógos* y del Espíritu Santo, considerándolos solamente poderes de Dios, como son la mente y la razón en el hombre. Admitía que el *Lógos* habitaba en Cristo en una medida superior a otros mensajeros de Dios, pero creía que Cristo había sido gradualmente elevado a una posición de dignidad divina. También creía que Cristo había permanecido libre del pecado, había vencido al pecado de nuestros antepasados y se había convertido en Salvador de la raza humana.

Entre los años 268-269 d.C., los obispos de Siria, que trabajaban bajo su dirección, acusaron a Pablo de Samósata de herejía, arrogancia, vanidad y avaricia, y lo depusieron.

17. Véase Erickson, pp. 48-50.

En resumen, esta primera clase de monarquismo puede clasificarse como *ebionista*, es decir, esa especie de cristianismo judaizado que pretendía hacer que la salvación dependiese de la observancia de la ley, y además consideraba a Jesús como el Mesías prometido, pero como un mero hombre producto de la unión de José y María.

Monarquismo modalista o patripasiano

Este grupo o clase de monarquismo enseñaba que el Dios único y supremo se autolimitó, haciéndose hombre, por un acto de su propia voluntad. De modo que el Hijo es el Padre revelado en la carne. Estos solo reconocían como Dios al que se había manifestado en Cristo y acusaban a sus oponentes de enseñar que hay más de un Dios.

Varios nombres se mencionan como exponentes del monarquismo modalista. El primero de ellos es Praxeas. Este procedía del Asia Menor, pero se trasladó a Roma en tiempos de Marco Aurelio (161-180 d.C.). Allí procuró la condenación del montanismo y enseñó abiertamente su doctrina patripasiana, logrando convencer aun al obispo Víctor.

Praxeas apelaba a pasajes tales como Isaías 45:5, Juan 10:30 y 14:9 para apoyar sus enseñanzas, pasando por alto que dichos textos no son antitrinitarios, sino que enfatizan la unidad de la esencia divina.[18] Es evidente que Praxeas no hacía distinción alguna entre *persona* y *esencia*, ya que acusaba a sus oponentes de ser *triteístas*. Estrechamente relacionados con las enseñanzas de Praxeas estaban Noeto de Esmirna y un tal Calixto. Ambos enseñaban que el Hijo era meramente una manifestación del Padre. Los patripasianos, por lo tanto, enseñaban que fue el Padre quien sufrió en la cruz y no el Hijo.

Por el año 200 d.C., un hombre llamado Sabelio comenzó a enseñar que Dios se autorrevela en tres modos diferentes: 1) Como Padre,

18. Praxeas se enfrascó en una controversia con Tertuliano, quien lo refutó diciendo que Praxeas había crucificado al Padre y anulado al Espíritu Santo.

creó todas las cosas y dio la ley a Israel, 2) como Hijo, tomó la tarea de la redención, y 3) como Espíritu Santo, después de haber completado la obra redentora. Cada una de estas formas de manifestación, según Sabelio, se efectúa cuando la otra termina.[19] Es decir, Sabelio afirmaba que la Deidad era unipersonal. Rotundamente negaba que Dios fuese Padre, Hijo y Espíritu Santo al mismo tiempo.[20]

En resumen, los adeptos del monarquismo querían proteger la unidad de Dios, pero al hacerlo cayeron en el error del unitarianismo. Pablo de Samósata, Praxeas, Sabelio y todos sus seguidores han errado al no ser capaces de armonizar adecuadamente las enseñanzas de la Biblia. Trinitarianismo no es lo mismo que triteísmo. La esencia divina es *una*, las personalidades que componen esa esencia son *tres*.

Arrianismo

El arrianismo adquiere su nombre de Arrio, su progenitor, que, según se cree, era nativo de Libia, aunque recibió su entrenamiento en Antioquía.[21] El maestro y mentor de Arrio había sido Luciano, quien teológicamente seguía a Pablo de Samósata.[22] Se sabe, además, que «Luciano representaba el ala izquierda del origenismo».[23] De modo que el trasfondo teológico de Arrio estaba en pleno desajuste con la corriente media de la iglesia. Por el año 313 d.C., Arrio fue designado como presbítero de Alejandría.[24] Poco después de su designación, Arrio comenzó a enseñar que, aunque Cristo era el creador del universo, Él mismo era una criatura de Dios y, por lo tanto, no era totalmente divino.[25]

Según Arrio, hay un solo Ser de quien puede decirse que es sin

19. E. H. Klotsche, *The History of Christian Doctrine*, pp. 58-62.
20. *Ibíd.*, p. 61.
21. *Ibíd.*, p. 63.
22. Reinhold Seeberg, *op. cit.*, tomo I, p. 206.
23. Justo L. González, *Historia del pensamiento cristiano*, p. 277.
24. Philip Schaff, *op. cit.*, vol. III, p. 620.
25. *Ibíd.*

principio: Dios. Enseñar que el Hijo no tuvo principio, en la opinión de Arrio, equivaldría a creer en la existencia de dos dioses de igual rango.[26] De modo que la cristología de Arrio tomaba como punto de partida un estricto monoteísmo semejante al de los monarquianos. Arrio decía que el Hijo no existió siempre, sino que tuvo un principio. El *Lógos* en Cristo fue creado por el Padre antes de la creación del mundo. Arrio enfáticamente sostenía que Cristo era de una sustancia diferente a la del Padre y, por lo tanto, no era Dios en el sentido estricto de la palabra. Es más, para Arrio, el *Lógos*, es decir, Cristo, no poseía un alma humana, de modo que no era verdadero hombre. Tampoco era verdadero Dios, ya que no poseía ni la esencia ni los atributos que pertenecen a la absoluta Deidad. El historiador Justo L. González ha resumido bien las enseñanzas de Arrio:

> La doctrina de Arrio parte de un monoteísmo absoluto, según el cual el Hijo no puede ser una encarnación del Padre, ni una parte de su substancia, ni otro ser semejante al Padre, pues cualquiera de estas tres posibilidades negaría el carácter inmaterial de Dios, o bien su unicidad. El Hijo no puede no tener un origen, pues entonces sería hermano del Padre, y no Hijo. Luego, el Hijo tiene principio, y fue creado o hecho por el Padre de la nada. Antes de tal creación, el Hijo no existía, y es incorrecto afirmar que Dios es eternamente Padre. Esto no quiere decir, sin embargo, que no hubiese siempre en Dios un Verbo, una razón inmanente; pero este Verbo o razón de Dios es distinto del Hijo de Dios, que fue creado después.[27]

La postura de Arrio lo puso en conflicto directo con Alejandro, el obispo de Alejandría, entre los años 318 y 320 d.C. Como resultado de esa confrontación, en el año 321 d.C., un concilio formado por

26. E. H. Klotsche, *op. cit.*, p. 63.
27. Justo L. González, *op. cit.*, p. 278.

un grupo de cien obispos procedentes de Egipto y Libia se reunió en Alejandría.[28] La decisión del concilio fue destituir y excomulgar a Arrio y a sus seguidores. Evidentemente, el concilio consideraba como una herejía negar la absoluta deidad de Cristo.

Arrio, sin embargo, no cejó en su empeño de propagar su doctrina. Después de haber sido excomulgado, Arrio se entregó a la tarea de dar a conocer sus creencias por medio de sermones y conferencias teológicas, dondequiera que encontrase una audiencia. De ese modo consiguió adeptos en Egipto, Siria, Palestina y en otras áreas del mundo cristiano.

Arrio encontró un oponente formidable en la persona de Atanasio. Nacido en Alejandría a fines del siglo III, Atanasio recibió la mejor educación para una persona de su tiempo. Fue apadrinado por Alejandro, obispo de Alejandría, quien evidentemente vio en Atanasio a un hombre de profundidad teológica, firmes convicciones y gran fortaleza física. Alejandro no fue defraudado. Su discípulo, Atanasio, estudió con sumo cuidado los postulados y las conclusiones de Arrio.

> Si Arrio estaba en lo cierto, el Dios trino no es eterno: a la unidad se le añadió, en el curso del tiempo, el Hijo y el Espíritu. La Trinidad ha llegado a existir de la no existencia. ¿Quién nos asegura que no habrá un aumento subsiguiente? (C. Ar. or. i:17, 18). Según Arrio, el bautismo resultaría administrado en el nombre de un ser creado, que, en último análisis, no puede auxiliarnos (ib. ii:41; iv:25). Pero no solamente es disuelta la Trinidad; incluso la divinidad del Padre es puesta en peligro.[29]

A raíz de la controversia arriana, se convocó el Concilio de Nicea en el año 325 d.C., desde el 20 de mayo al 25 de julio de ese año, sin

28. Philip Schaff, *op. cit.*, vol. III, p. 620.
29. Reinhold Seeberg, *op. cit.*, tomo I, p. 210.

contar las deliberaciones posteriores. El resultado fue una condena de las enseñanzas de Arrio y una anatematización de todo aquel que creyese dichos errores. Según el Concilio de Nicea, la postura de la iglesia quedaba expresada así:[30]

> Creemos en un Dios, el Padre Todopoderoso, Creador de todas las cosas, visibles e invisibles, y en un Señor Jesucristo, el Hijo de Dios, el unigénito del Padre, es decir, de la substancia del Padre; Dios de Dios, luz de luz, verdadero Dios de verdadero Dios, engendrado, no creado, consubstancial con el Padre, por quien todas las cosas fueron hechas, tanto en el cielo como en la tierra; quien por nosotros los hombres, y para nuestra salvación descendió, se encarnó, y se hizo hombre, y sufrió, y resucitó al tercer día: ascendió a los cielos y vendrá a juzgar a vivos y muertos: Y en el Espíritu Santo. Pero la Santa Iglesia Apostólica de Dios anatemiza a los que afirman que hubo un tiempo cuando el Hijo no era, o que no era antes de ser engendrado, o que fue hecho de cosas que no existían: o que dicen, que el Hijo de Dios era de cualquier otra substancia o esencia, o creado, o sujeto a cambio o a conversión.[31]

En resumen, el Concilio de Nicea del año 325 d.C. refutó la postura del sabelianismo o modalismo, y la creencia de que la Deidad se compone de una persona y una esencia, pero de distintos modos de manifestación. Rechazó, además, el arrianismo y su creencia de que el Hijo es de una sustancia diferente a la del Padre. Expresó de manera formal la fe trinitaria de la Iglesia: Dios es una sustancia, esencia o realidad eterna que existe, ha existido y existirá en tres personalidades distintas. Debe señalarse que el Concilio de Nicea

---

30. Véase Philip Schaff, *The Creeds of Christendom: With a History and Critical Notes (vol. I) "The History of Creeds"*, pp. 25-29.

31. Para un excelente resumen del Concilio de Nicea, véase Javier Gonzaga, *Concilios*, vol. I, pp. 101-110.

no puso fin al arrianismo. Dicha herejía ha continuado a través de los siglos. Hoy es propagada por los llamados "Testigos de Jehová".

Apolinaristas

El nombre «apolinarista» proviene de Apolinar de Laodicea. Hombre de gran erudición, Apolinar, nacido por el año 310 d.C., era el obispo de Laodicea por el año 360 d.C., cuando dio a conocer sus creencias respecto a la persona de Cristo. En un tiempo, Apolinar había sido un amigo cercano de Atanasio, un fervoroso defensor del Credo de Nicea y, por supuesto, un decidido opositor de Arrio.

Apolinar tomaba como punto de partida el hecho de que Cristo es Dios y hombre. En su preocupación soteriológica, Apolinar expresaba que si Cristo fuera solo hombre no sería capaz de salvar al pecador, ya que el hombre por sí solo no puede salvar a la humanidad. Ahora bien, si Cristo solo fuera Dios, tampoco podría salvar, ya que no podría ser mediador y sufrir la muerte del pecador.

Es ahí donde Apolinar entremezcló sus conocimientos filosóficos con los bíblicos, probablemente con el propósito de preservar la integridad de la persona de Cristo. Con ese fin, Apolinar formuló una postura teológica que hacía uso del método empleado por Arrio, pero que lo conducía en la dirección opuesta. Si la postura de Arrio negaba la perfecta deidad de Cristo, la de Apolinar negaba la perfecta humanidad del Señor.

Apolinar adoptó un estricto tricotomismo, basándose en textos tales como 1 Tesalonicenses 5:23, Juan 1:14 y Romanos 8:3. Sobre esa base, concluía que Cristo asumió un cuerpo humano que poseía el principio de la vida, es decir, el alma, pero que el *Lógos* divino tomó el lugar del espíritu o la parte racional más elevada del ser. Según Apolinar, Cristo no tenía un espíritu humano, aunque su cuerpo y su alma eran humanos. Era su creencia que si Cristo fuese hombre perfecto, no habría manera de garantizar su impecabilidad y se produciría un problema serio al tratar de armonizar las dos voluntades.

Los teólogos de aquella época, particularmente los tres capadocios (Gregorio Nacianceno, Gregorio de Nisa y Basilio el Grande), respondieron y refutaron a Apolinar de manera contundente.[32] Los capadocios respondieron que si Cristo no fuera verdadero hombre no sería posible explicar las limitaciones que demostró durante su ministerio terrenal ni la lucha entre la voluntad humana y la divina (Lc. 22:42).[33] También afectaría a su capacidad para salvar, ya que el pecado afecta al hombre en la totalidad de su ser. De modo que es necesario que el Redentor sea totalmente divino y totalmente humano aparte del pecado. Los capadocios comprendieron con toda claridad que la postura de Apolinar afectaba tanto a la persona como a la obra de Cristo.[34]

Sin embargo, un beneficio práctico de la disputa con Apolinar fue el hecho de que abrió de par en par la discusión respecto a las dos naturalezas de Cristo. Esta discusión se extendió a lo largo de un período de 300 años. No obstante, Apolinar fue condenado por el Concilio de Constantinopla del año 381 d.C. Los líderes de dicho Concilio concluyeron que Cristo es una persona divina que tomó para sí naturaleza humana. Tal como lo explica Pablo en Filipenses 2:7-8, Cristo incorporó características humanas a su persona divina cuando se encarnó.

Nestorianismo

El llamado progreso del dogma puede verse claramente en el desarrollo de la doctrina respecto a la persona de Cristo. A medida que el tema era discutido y estudiado por los teólogos de la iglesia, se expresaban ciertas definiciones con el fin de aclarar conceptos considerados como cruciales para la formulación del evangelio.

La discusión cristológica dio lugar a la formación de tres escuelas de pensamiento con matices distintos:

---

32. Otto W. Heick, *op. cit.*, pp. 171-174.
33. *Ibíd.*, p. 172.
34. Justo L. González, *op. cit.*, vol. I, pp. 352-358.

1. En el occidente, Tertuliano (150-220 d.C.) había expresado que en la persona de Jesucristo estaban unidas, pero sin mezclarse, la completa naturaleza divina y la naturaleza humana. Sin embargo, Tertuliano enseñaba una especie de subordinacionismo (el *Lógos*, Cristo, estaba subordinado al Padre). No obstante, afirmaba la absoluta deidad de Cristo y la coexistencia de las dos naturalezas (divina y humana) en la persona de Jesús.[35]

2. La segunda escuela de pensamiento surgió en Antioquía. Allí se concentraban teólogos como Diodoro de Tarso, Teodoro de Mopsuestia, Nestorio, Teodoreto y otros. Esta escuela se caracterizaba por el rechazo de la exégesis alegórica y la adopción de una hermenéutica gramático-histórica.[36] El énfasis cristológico primordial de la escuela de Antioquía estaba sobre la humanidad de Cristo, aunque ello no significaba en ningún sentido la más leve negación de la deidad del Señor.[37]

3. La tercera escuela tenía su sede en Alejandría. Los hombres de influencia en esta escuela fueron Atanasio, los tres capadocios y Cirilo de Alejandría. El énfasis de estos teólogos recaía sobre la deidad de Cristo, primordialmente por razones soteriológicas. La influencia de Atanasio era incuestionable en la expresión del pensamiento de la escuela de Alejandría.[38] Atanasio enfatizaba que «el *Lógos*, quien era Dios desde la eternidad, se hizo hombre».[39] No que el *Lógos* habitase en el hombre, sino que se había hecho hombre.

---

35. Reinhold Seeberg, *op. cit.*, tomo I, pp. 133-135.
36. Bernard Ramm, *Protestant Biblical Interpretation*, pp. 48-50.
37. Otto W. Heick, *op. cit.*, p. 174.
38. E. H. Klotsche, *op. cit.*, p. 73.
39. *Ibíd.*

Es de este trasfondo teológico que surgió la controversia con Nestorio y que originó lo que se conoce como Nestorianismo. Los de Alejandría procuraban defender la deidad de Cristo, aunque no negaban su humanidad. Sin embargo, los de Antioquía tenían en alta estima la obra de Dios en la historia, de modo que ponían mayor énfasis en la humanidad de Cristo, aunque reconocían su deidad absoluta.

En el año 428, Nestorio fue designado patriarca de Constantinopla. Aunque era un erudito de primera magnitud, Nestorio no se caracterizaba por su prudencia. Comenzó con un esfuerzo por detener el avance del arrianismo, que continuaba causando estragos en la iglesia.

Nestorio comenzó una especie de cruzada teológica contra los predicadores que se referían a María como «madre de Dios» o «progenitora de Dios» (*theótokos*). En su lugar, Nestorio propuso el uso de la expresión «progenitora de Cristo» (*Christótokos*) o «madre de Cristo». En realidad, el patriarca de Constantinopla no pretendía negar la deidad de Cristo con su propuesta. No obstante, la aserción de Nestorio dejaba al descubierto que no comprendía el significado de la unión de las dos naturalezas (divina y humana) en la persona de Cristo. Nestorio, sin embargo, correctamente insistía que María no era la madre de la naturaleza divina de Cristo.

Es muy posible que ni Nestorio ni sus seguidores inmediatos se suscribiesen a lo que más tarde se llamó nestorianismo.[40] Algunos opinan que Nestorio fue condenado injustamente.[41] Lo que sí es cierto es que algunos que se identificaban como seguidores de Nestorio enseñaban que si Jesús era Dios en la eternidad, entonces María no fue la madre de su naturaleza divina (lo cual es cierto). Sin embargo, en su humanidad, Cristo verdaderamente nació de la virgen María. La conclusión errónea, producto de la colusión de esos dos conceptos, fue que Jesús tenía que ser *dos personas*. La persona de Cristo, según los nestorianos,

40. G. C. Berkouwer, *The Person of Christ*, p. 67.
41. *Ibíd.*

era similar a la de un cristiano en quien el Espíritu Santo (otra persona) habita. El Concilio de Éfeso del año 431 d.C. condenó a Nestorio. El nestorianismo, sin embargo, se esparció en Egipto, el área oriental del Imperio romano, Persia, India y aun hasta la China.[42]

Eutiquianismo

La controversia nestoriana de la primera mitad del siglo v dejó sus huellas en la vida de la iglesia. Nestorio fue destituido de su cargo como Patriarca de Constantinopla en el año 431 d.C., y murió en el año 440. Cirilo de Alejandría fue destituido temporalmente de su cargo por orden del emperador Teodosio II y murió en el año 344 d.C.[43] La muerte de estos dos hombres no puso fin a la disputa entre las dos escuelas por ellos representadas, aunque sí hubo una tregua por el año 433 d.C.[44]

La mencionada tregua tuvo como base una fórmula preparada por Teodoreto de Ciro, quien procuró eliminar los extremos en la disputa.[45] Teodoreto dejó fuera la teoría de Cirilo de Alejandría, quien había expresado de manera un tanto confusa la cuestión de la unión de las dos naturalezas de Cristo.[46] Según Cirilo, en la unión de las dos naturalezas, la humana quedaba rezagada o dominada por el *Lógos*. A veces daba a entender que de la unión de las dos naturalezas resultaba la formación de *una sola* naturaleza.[47] Es más, muchos seguidores de Cirilo sí enseñaron que Cristo tenía una sola naturaleza después de la encarnación. Esta naturaleza era divina-humana, pero la humana había sido absorbida por la divina.[48]

---

42. Earle E. Cairns, *op. cit.*, p. 146.
43. El emperador Teodosio II se retractó de la destitución de Cirilo, quien continuó en su puesto hasta su muerte.
44. Justo L. González, *op. cit.*, vol. I, p. 374.
45. E. H. Klotsche, *op. cit.*, p. 76.
46. Justo L. González, *op. cit.*, vol. I, p. 371.
47. Philip Schaff, *op. cit.*, vol. III, p. 946. Schaff afirma que Cirilo estuvo al borde del error monofisita.
48. Harry R. Boer, *op. cit.*, p. 169.

Teodoreto también excluyó de su fórmula el concepto antioquiano de la combinación de las dos naturalezas. Debe recordarse que los de Antioquía hacían hincapié en la humanidad de Cristo. Los teólogos de Antioquía hablaban de una unión moral entre el *Lógos* y la humanidad de Jesús. Teodoreto, además, descartó el apolinarismo con su concepto de que Cristo es un hombre perfecto con un alma racional. La fórmula de Teodoreto expresaba que Cristo no era «consustancial con nosotros en su humanidad, porque ha habido la unión de dos naturalezas, por lo tanto, confesamos un Cristo, un Hijo, un Señor».[49] De más está decir que la fórmula de Teodoreto no produjo la armonía que se necesitaba más de lo que se deseaba. Por el contrario, abrió las puertas a la gran controversia con el monje Eutiquio o Eutiques, progenitor del eutiquianismo.

El historiador Philip Schaff ha hecho la siguiente muy acertada observación:

> Así como la teología antioquiana engendró al nestorianismo, que estiraba la distinción de las naturalezas humana y divina en Cristo hasta crear una doble personalidad, así también la teología alejandrina engendró el error del lado opuesto, es decir, el eutiquianismo o monofisitismo, que exigía la unidad personal de Cristo a expensas de la distinción de las naturalezas, y hacía al *Lógos* divino absorber la naturaleza humana.[50]

Eutiques (378-454 d.C.) era archimandrita de un monasterio en las cercanías de Constantinopla.[51] Su teología era contraria a la expuesta por Nestorio.[52] Sin embargo, Eutiques carecía de la suficiente erudición para formular por sí solo una cristología. En el año

49. H. R. Mackintosh, *The Doctrine of the Person of Christ,* p. 209.

50. Philip Schaff, *op. cit.*, vol. III, pp. 734-735.

51. Francisco Lacueva, *La persona y la obra de Jesucristo.* Curso de Formación Teológica Evangélica, p. 46.

52. *Ibíd.*

448 d.C., Eutiques fue acusado de herejía y condenado por un sínodo reunido en Constantinopla. La acusación en contra de Eutiques fue que enseñaba que «después de la encarnación, Cristo tenía solamente una naturaleza».[53]

Eutiques, por lo tanto, dio origen a la herejía conocida como monofisitismo (de *monofusis* = una sola naturaleza) o eutiquianismo. Como seguidor de Cirilo, Eutiques, en verdad estaba reaccionando en contra del nestorianismo que dividía a Cristo en dos personas. Su error, sin embargo, fue causado por el mismo problema que hizo errar a Nestorio, es decir, la incapacidad de distinguir entre *naturaleza* y *persona*.

En su confusión teológica, Eutiques sostenía que Cristo estaba compuesto de dos naturalezas, pero no existía en *dos* naturalezas. La naturaleza humana se había fusionado con la divina, resultando en la formación de una sola naturaleza. Cristo no existía como humano en el mismo sentido en que nosotros somos humanos. La conclusión final de la cristología de Eutiques es que Cristo no era ni verdaderamente Dios ni verdaderamente hombre. Algunos de sus seguidores creían que aun el cuerpo de Cristo descendió del cielo.

El Concilio de Calcedonia del año 451 d.C. condenó a Eutiques y enfáticamente rechazó su cristología; es decir, «el concilio afirmó la doctrina de la unión inseparable e indivisible, sin confusión y sin cambio, de dos naturalezas perfectas y completas, la humana y la divina, en la persona de Cristo».[54] Los teólogos de Calcedonia hicieron su mejor esfuerzo para expresar a la iglesia de aquellos días, en un lenguaje comprensible, lo que ellos entendían de la persona de Cristo. Por supuesto que cualquier esfuerzo resulta endeble cuando se trata de explicar un misterio tan incomprensible como es la encarnación de Dios.[55] Se reconoce que Calcedonia no lo dijo

53. Otto W. Heick, *op. cit.*, p. 183.

54. E. H. Klotsche, *op. cit.*, p. 77.

55. Klass Runia, «A "New" Christology Challenges the Church», *Christianity Today*, enero 4, 1974, pp. 4-7.

todo ni resolvió todos los problemas respecto a la cristología, pero sí sentó bases firmes para la discusión de este tema. Calcedonia no lo dijo todo, pero dijo mucho y de gran importancia. Los teólogos de «Calcedonia notaron, y así lo expresaron, que en la persona singular de Cristo dos condiciones coinciden: deidad y humanidad. Y en su esfuerzo por decir eso, Calcedonia no dice nada más que lo que el Nuevo Testamento dice acerca de Cristo».[56] Es cierto que se puede decir más acerca de Cristo que lo que dijo Calcedonia, pero, incuestionablemente, no se puede decir menos.[57]

Si bien es cierto que el conflicto cristológico de los cinco primeros siglos de la Iglesia no quedó absolutamente delineado como resultado de las decisiones tomadas contra Arrio (Nicea 325 d.C.), Apolinar (Constantinopla, 381 d.C.), Nestorio (Éfeso, 431 d.C.) y Eutiques (Calcedonia, 451 d.C.),[58] sí puede decirse con un alto grado de certidumbre que dichas decisiones fueron fundamentales para la vida de la Iglesia y sirvieron de parámetros para discusiones posteriores.

Monoteletismo

Con el fin de trastornar las decisiones del Concilio de Calcedonia (451), se realizaron dos esfuerzos significativos. El primero fue el de los monofisitas, es decir, los que seguían manteniendo que Cristo solo poseía una naturaleza después de su encarnación. Los monofisitas se resistieron a aceptar las conclusiones de Calcedonia y comenzaron a esparcir sus doctrinas por el este, hasta Persia y por el sur, hasta Egipto.

El segundo esfuerzo en contra de las decisiones de Calcedonia se relaciona con la llamada controversia *Monoteletista*.[59] El tema de

56. H. Dermat McDonald, «Christ's Two Natures: The Significance of Chalcedon Today», *Christianity Today,* septiembre 26, 1975, p. 12.

57. *Ibíd.*

58. G. C. Berkouwer, *op. cit.*, p. 69.

59. Este vocablo proviene del griego *monos* = «solo», «sin compañía», y *thelo* = «escoger», «actuar por voluntad». La creencia *monoteletista* era que Cristo solo tenía una voluntad.

la voluntad o voluntades de Cristo no fue discutido ni aun en Calcedonia. De modo que la cuestión no fue considerada sino hasta principios del siglo VII. La controversia en sí se inició con Sergio, patriarca de Constantinopla, durante el reinado de Heraclio (610-641).[60] Cerca del año 630 d.C., Sergio, por razones más políticas que teológicas,[61] aconsejó al emperador Heraclio que publicase un documento, expresando que «Cristo había hecho todas las cosas por medio de una sola energía divina-humana».[62] Es indudable que la razón primordial por la que el emperador accedió a seguir el consejo de Sergio tenía sus raíces en la necesidad de unir bajo una bandera a los disidentes monofisitas. El monoteletismo armoniza perfectamente con el monofisitismo, mientras que la doctrina de las dos naturalezas lo hace con la de las dos voluntades.

La polémica sobre la cuestión del monoteletismo comenzó en el año 633 y duró hasta el 680, fecha en que se reunió el sexto concilio ecuménico en Constantinopla. Al principio de la controversia, Sergio consiguió el apoyo del papa Honorio (625-638), quien posteriormente sería anatematizado y acusado de traicionar la causa ortodoxa. Una vez más, el tema soteriológico fue inyectado en la discusión. Los monoteletistas procuraban preservar la integridad de la persona de Cristo. Sostenían que si Cristo hubiese tenido dos voluntades, estas hubieran entrado en conflicto y la voluntad humana se habría rebelado contra la divina. De modo que, según ellos, el concepto de un sola y única voluntad era la mejor manera de preservar la impecabilidad de Cristo.

Los que abogaban a favor de la dualidad de voluntades sostenían que para que la redención fuese completa tenía que incluir una perfecta humanidad. Si no hay voluntad humana, decían, no puede haber una humanidad completa. De modo que llegaban a la conclusión de que Cristo no pudo haber sido hombre completo sin una

60. Philip Schaff, *op. cit.*, vol. IV, p. 408.
61. Reinhold Seeberg, *op. cit.*, p. 278.
62. H. R. Mackintosh, *op. cit.*, p. 219.

voluntad humana. Ciertos pasajes bíblicos eran citados para apoyar la enseñanza de las dos voluntades: «No sea como yo quiero, sino como tú» (Mt. 26:39); «Pero no se haga mi voluntad, sino la tuya» (Lc. 22:42); «Porque he descendido del cielo, no para hacer mi voluntad, sino la voluntad del que me envió» (Jn. 6:38). Los pasajes mencionados enseñan respecto a la voluntad de Jesús en contraste con la voluntad del Padre celestial, pero no hacen referencia a una voluntad divina en el Señor. ¿Qué respuesta se le dio a tal objeción? Los líderes del sexto concilio ecuménico enfatizaron el hecho de que la voluntad divina de Jesús estaba en perfecta armonía con la del Padre hasta el punto de una completa identificación. La base de esa afirmación era que la Trinidad posee una sola voluntad.

La decisión del Concilio de Constantinopla (680-681) estaba en perfecta armonía con la cristología de Calcedonia. Es más, los teólogos reunidos en Constantinopla tomaron como base las conclusiones de Calcedonia (451). Proclamaron que en Jesucristo hay dos voluntades naturales que no se contradicen entre sí, sino que su voluntad humana se sujeta a su voluntad divina.

Resumiendo, en aproximadamente tres siglos y medio de discusión cristológica, la Iglesia, a través de sus líderes, se pronunció con amplitud respecto a cuestiones que han sido de vital importancia para la vida del cristianismo. En Nicea (325) se proclamó que Cristo es de la misma substancia que la del Padre y, por lo tanto, es Dios. En Constantinopla (381) se definió la identidad de Cristo con la humanidad y se declaró que Jesús es hombre perfecto e impecable. En Éfeso (431) se definió que Jesús es una sola persona. En Calcedonia (451) se afirmó que Jesús es una persona única que posee dos naturalezas, la divina y la humana. Estas naturalezas coexisten en Cristo sin confusión o mezcla, sin cambio, sin división y sin separación. En Constantinopla (680-681) se concluyó que en Jesús operaban dos voluntades, la humana y la divina. Sin embargo, la voluntad humana de Jesús estaba sometida a la divina de manera armoniosa y perfecta.

Adopcionismo

Con ese nombre se conoce la controversia cristológica que tuvo lugar en el siglo VIII.[63] El adopcionismo ha sido considerado como un avivamiento del nestorianismo, aunque en forma modificada.[64] La cuestión parece haber comenzado cuando un personaje, del cual muy poco se conoce, llamado Migetio, escribió un trabajo pretendiendo resolver el problema de la Trinidad.[65] Se dice que Migetio no distinguía entre el *Lógos* y Cristo, dando a entender que «la segunda persona de la Trinidad no existía antes de la encarnación».[66]

La teoría de Migetio se asemejaba mucho al sabelianismo, aunque un tanto desfigurado. Decía Migetio que en la Trinidad hay tres personas corporales: «El Padre (David), el Hijo (Jesús, la simiente de David), y el Espíritu Santo (Pablo)».[67] De modo que Migetio proponía una triple manifestación histórica de Dios al estilo de los modalistas del siglo II.[68]

La responsabilidad de refutar a Migetio recayó sobre Elipando, arzobispo de Toledo, quien como teólogo era de segunda magnitud. Sin embargo, Elipando buscó la ayuda de Félix, obispo de Urgel, hombre mucho más capaz en cuestiones teológicas. Elipando y Félix sostenían la existencia de dos modos completamente distintos de relación filial entre Cristo y el Padre. Primeramente está la relación entre Cristo y el Padre como segunda persona de la Trinidad. En ese sentido Cristo es el Unigénito del Padre, y como tal pudo decir: «Yo y el Padre uno somos» (Jn. 10:30). Sin embargo, como hijo de María, Cristo es el primogénito entre muchos hermanos y como tal es Hijo

---

63. Por haber tenido su centro en España, esta controversia ha sido calificada como una herejía española. Véase Jeffrey Burton Russell, *A History of Medieval Christianity*, p. 79.

64. Philip Schaff, *op. cit.*, vol. IV, p. 513.

65. Reinhold Seeberg, *op. cit.*, p. 27.

66. Philip Schaff, *op. cit.*, vol. IV, p. 514, nota 3.

67. E. H. Klotsche, *op. cit.*, pp. 121-122.

68. *Ibíd.*, p. 122.

de Dios por adopción. Es en esa relación de adopción que Jesús dijo: «El Padre es mayor que yo» (Jn. 14:28).

El error fundamental del adopcionismo radicaba en el énfasis dado a una supuesta relación filial entre Cristo y el Padre. Una vez más, el meollo de la cuestión fue la incapacidad de parte de los adopcionistas de distinguir entre *naturaleza* y *persona*. Los adopcionistas, tal vez sin proponérselo, enseñaban una dualidad de persona en Cristo. Al enseñar que Cristo, en lo que respecta a su naturaleza humana, era Hijo de Dios solo nominalmente por adopción, mientras que, según su naturaleza divina, era realmente el Hijo eterno de Dios, los adopcionistas daban a entender que creían en la existencia de dos personas en Cristo.

Dos asturianos se opusieron a la teoría adopcionista. Ellos fueron Beato y Heterio de Liébana. En una carta a Elipando, Beato subraya que su preocupación primordial era el hecho de que el arzobispo de Toledo tendía a «dividir la persona de Cristo».[69] En el acto de la encarnación, Cristo no tomó para sí una persona humana, sino una naturaleza humana perfecta. De modo que el Señor siempre ha sido *una persona* divina quien desde la encarnación posee dos naturalezas.

Con toda honradez, es necesario subrayar que los adopcionistas rechazaban el nestorianismo; es más, lo combatieron.[70] Sin embargo, no se percataron de que en su afán por resolver un problema (explicar la relación de la humanidad de Jesús con Dios el Padre), crearon otro tal vez mayor. El adopcionismo fue rechazado y condenado por los sínodos de Regensburgo (792), Fráncfort (794) y Aachen o Aquisgrán (799). Aunque no es de dudarse que intervinieron cuestiones políticas en la controversia adopcionista,[71] lo cierto es que la discusión del problema reflejaba en gran parte la tensión teológica de aquellos tiempos y el hecho de que entonces, como hoy, muchos procuran entender el misterio de la persona de Cristo haciendo uso del racionalismo humano.

69. Justo L. González, *op. cit.*, vol. II, p. 120.
70. *Ibíd.*, p. 121.
71. *Ibíd.*, p. 119.

Resumen y conclusión

Por lo que se ha considerado a través de estas páginas, el lector puede percatarse de la lucha que se ha librado en el proceso de expresar con claridad una respuesta a la pregunta: ¿Quién es Jesucristo? Algunos lo han visto como un mero hombre, otros como una especie de ángel o ser superior al hombre. Para algunos, Cristo es Dios desprovisto de todo trazo de humanidad, mientras que para otros es algo así como mitad Dios y mitad hombre.

Los teólogos que se han apegado a la Biblia no han ignorado ni minimizado las dificultades de definir la persona de nuestro Señor. Sin embargo, esos hombres vieron que establecer la doctrina de la deidad de Cristo era tan crucial para el cristianismo como afirmar la de su humanidad. También vieron que el Señor es *una sola* persona y que como tal se ofreció por los pecados de la raza humana. De modo que aquellos líderes procuraron armonizar verdades complejas sin contradecir el texto bíblico y expresaron sus conclusiones en un vocabulario que era comprensible a la mayoría de los estudiosos de aquellos tiempos. Como ya se ha observado, se puede decir más, tal vez mucho más, de lo que aquellos hombres dijeron, pero no se puede decir menos. Descartar o menospreciar su labor constituiría un error lamentable. Abandonar o descuidar la reflexión sobre este tema sería igualmente perjudicial. Es imprescindible e insoslayable, sin embargo, que todas nuestras investigaciones y conclusiones tengan el aval de la Palabra de Dios. Las Escrituras dan testimonio de Cristo. No solo los Evangelios, sino también la Ley y los Profetas.

2

La cristología de los escolásticos y los reformadores

La cristología de los escolásticos

Escolasticismo es el nombre con que se designa a la teología de la Edad Media. Este movimiento intelectual tuvo sus raíces en el renovado interés hacia el estudio de la filosofía, por un lado, y el avivamiento del misticismo pietista que surgió a principios del siglo XII, por el otro. Los escolásticos procuraban reconciliar el dogma con la razón y establecer un sistema ordenado de doctrina, generalmente conocido como suma teológica.

Los escolásticos no hicieron ninguna contribución original al estudio de la exégesis o de la teología bíblica. Por lo general, aceptaban sin objeción las conclusiones de los Concilios y se sujetaban a la autoridad de las Escrituras. Partiendo de la premisa de que toda verdad es de Dios, los escolásticos apelaban a la filosofía platónica, la lógica aristotélica y a otras fuentes seculares que apoyasen sus conclusiones.

Abelardo y Lombardo

Pedro Abelardo (1079-1142) sobresalió como teólogo crítico. Fue un hombre cuidadosamente preparado en la literatura clásica y con una indiscutible capacidad para debatir los temas tanto filosóficos como teológicos que ocupaban la atención de los estudiantes de aquellos tiempos.

En cuanto a la doctrina de Cristo, Abelardo seguía el patrón occidental, particularmente las enseñanzas de Agustín.[1] Sin embargo, los razonamientos filosóficos de Abelardo lo hicieron vulnerable a acusaciones de que era modalista,[2] arriano[3] y nestoriano.[4] La sospecha de modalista proviene de su afirmación de que «Dios, como poder, es el Padre; como sabiduría, es el Hijo; como amor, es el Espíritu».[5] Su declaración de que en Cristo hay una persona con dos sustancias o naturalezas era aceptable, pero no clara, de modo que algunos veían tintes de arrianismo en su enseñanza. Finalmente, al decir que «Cristo es el hombre asumido por el *Lógos*»,[6] se acercaba demasiado al concepto de las dos personalidades sostenido por el nestorianismo. Por lo tanto, puede decirse que Abelardo contribuyó muy poco o casi nada a la discusión cristológica, y lo que dijo quedaba sujeto a interpretaciones desafortunadas.

Pedro Lombardo, reconocido como «el padre de la teología sistemática», sin duda fue la personalidad más significativa e influyente de la primera mitad del período escolástico. Su famosa obra, *Cuatro Libros de Sentencias*, fue el libro de texto por excelencia hasta que apareció la *Suma Teológica* de Tomás de Aquino.[7]

En el área de la cristología, Lombardo siguió de cerca las fórmulas adoptadas por los distintos Concilios.[8] Se refiere al hecho de que la segunda persona de la Trinidad asumió una naturaleza humana impersonal. El *Lógos* tomó para sí la carne y el alma, pero

1. Reinhold Seeberg, *op. cit.*, tomo II, p. 77.
2. Philip Schaff, *op. cit.*, vol. V, p. 624.
3. *Ibíd.*, p. 625.
4. Reinhold Seeberg, *op. cit.*, tomo II, p. 78.
5. Philip Schaff, *op. cit.*, vol. V, p. 625.
6. Reinhold Seeberg, *op. cit.*, tomo II, p. 77.
7. Los *Cuatro libros de sentencias* revelan el pensamiento teológico de Lombardo. Esta obra abarca, de manera sistemática, todos los aspectos de la teología dogmática. Temas tales como la Trinidad, la creación, el pecado, la encarnación, la expiación, ética cristiana, los sacramentos y algunos aspectos de la escatología son considerados por Lombardo.
8. Reinhold Seeberg, *op. cit.*, tomo II, p. 78.

no la persona de un hombre. Pedro Lombardo, sin embargo, confrontaba problemas con respecto a la humanidad de Cristo.[9] En la encarnación, según Lombardo, «el *Lógos* tomó la naturaleza humana solo como una vestidura para hacerse visible ante los ojos de los hombres».[10] Debido a que Lombardo, siguiendo las fórmulas de los varios Concilios, declaró que la naturaleza humana de Cristo no debe concebirse como personal, algunos entendieron tal afirmación como que «Cristo, según su naturaleza humana, no es ni una persona ni nada».[11] Sin embargo, los que acusaban a Lombardo de creer cosa semejante no pudieron encontrar nada en sus escritos que sugiriese tal creencia en el gran escolástico. En resumen, Pedro Lombardo deseaba expresar tan enfáticamente el carácter impersonal de la naturaleza humana de Cristo que se expuso a fuertes críticas y a acusaciones tales como sabelianismo, docetismo, arrianismo, etc., aunque es evidente que ni enseñaba ni creía ninguna de esas herejías.

Tomas de Aquino

La teología del siglo XIII tuvo su mejor expresión en Tomás de Aquino,[12] quien fue el hijo de un aristócrata italiano. Estudió con el gran maestro Alberto el Magno y fue miembro de la orden de los dominicos. Fue profesor de teología en París, Nápoles y Roma. Escribió comentarios sobre Aristóteles, el Antiguo y el Nuevo Testamento. Su obra cumbre, la *Suma Teológica*, fue reconocida como la teología oficial de la iglesia católica romana. Por su gran erudición y contribución a la literatura teológica, Tomás de Aquino ha sido llamado el «Doctor Angélico».[13]

La cristología de Tomás de Aquino no era original en ningún sentido, sino que se apegó al dogma tradicional de la iglesia expre-

9. H. R. Mackintosh, *op. cit.*, p. 227.

10. Reinhold Seeberg, *op. cit.*, tomo II, p. 78.

11. *Ibíd.*, tomo II, p. 78.

12. La mayoría de los expertos en la historia de las doctrinas considera a Tomás de Aquino como el más sobresaliente de todos los escolásticos.

13. Tomás de Aquino fue canonizado en el año 1323.

sado a través de los Concilios.[14] Fue influido de manera decisiva por los escritos de Cirilo de Alejandría.[15] Aquino mantenía que el *Lógos*-persona había tomado para sí una naturaleza humana impersonal. En esto, era de un mismo pensar con Pedro Lombardo. Al igual que muchos de sus contemporáneos, Tomás de Aquino confrontaba serias dificultades en expresar la relación entre las dos naturalezas de Cristo. Sin embargo, en términos generales, puede decirse que el Doctor Angélico seguía la línea tradicional mantenida por la iglesia respecto a la persona de Cristo.

Una mención, aunque sea breve, debe hacerse respecto a la cristología de Juan Duns Escoto. Nacido en la segunda mitad del siglo XIII (entre los años 1265 y 1274), Escoto representa el período final del escolasticismo. El énfasis principal de la cristología de Escoto estaba sobre la humanidad de Cristo, aunque distinguía la existencia de dos naturalezas en la persona del Señor. Es evidente que Escoto dedicó más tiempo al estudio de las características de la humanidad de Cristo que la mayoría de los escolásticos. Se expresó respecto al conocimiento de Jesús, diciendo que, debido a la unión con el *Lógos*, «poseía por lo menos un conocimiento inherente de todas las cosas universales, pero que estaba sujeto a la necesidad de obtener conocimiento progresivo de las cosas individuales y accidentales, de modo que Lucas 2:40 debe ser entendido como un progreso real».[16] La unión de las dos naturalezas guarda una relación de subordinación. La naturaleza humana está subordinada a la divina, pero la naturaleza divina no está, en modo alguno, limitada por su relación con la humana.

En resumen, como en muchas otras doctrinas, la cristología de los escolásticos siguió muy de cerca las conclusiones de los Concilios (desde Nicea hasta Constantinopla III). Si bien es cierto que los teólogos de la Edad Media, incluyendo a Abelardo, Lombardo, Aquino,

---

14. Santo Tomás de Aquino, *Suma Teológica*, tomos II-III, trad. por Francisco Barbado Viejo, pp. 149-224.

15. Justo L. González, *op. cit.*, vol. II, pp. 310-311.

16. Reinhold Seeberg, *op. cit.*, tomo II, p. 161.

Escoto, Guillermo de Occam y otros, muchas veces apelaban con mayor frecuencia a los argumentos filosóficos que a las Escrituras, también es cierto que fueron hombres que podían pensar teológicamente. Aunque el escolasticismo no se caracterizó por grandes avances en el desarrollo de las doctrinas, sí preparó el camino para los reformadores.

La cristología de los reformadores

Una de las grandes bendiciones relacionadas con la Reforma del siglo XVI fue el énfasis dado al estudio de las Escrituras. También se dio énfasis a la interpretación histórico-gramatical del texto bíblico. Como ha escrito Berkouwer:

> Pero la verdadera revolución en la hermenéutica surgió con el período de la Reforma. No fue Erasmo, sino Lutero, y especialmente Calvino, quienes deseaban oír de nuevo lo que el texto mismo dice, y estuvieron más conscientes de los peligros de una interpretación arbitraria.[17]

Cierto que nada supera en importancia para el estudio de cualquier doctrina de las Escrituras como una hermenéutica correcta. Un sistema de interpretación defectuoso desembocará irremisiblemente en una teología defectuosa. En ninguna otra área de la teología ese hecho ha sido más evidente que en la cristología.

La cristología de Lutero

La teología de Martín Lutero era eminentemente cristocéntrica. El gran reformador abrazó el dogma cristológico de la iglesia primitiva.[18] Para él no había otro Dios fuera de Cristo. Lutero afirmó que Jesucristo es verdadero Dios, nacido del Padre en la eternidad, y

17. G. C. Berkouwer, *The Person of Christ*, pp. 121-122.
18. Otto W. Heick, *A History of Christian Thought*, vol. I, p. 332.

también verdadero hombre, nacido de la virgen María. Reconoció la coexistencia de las dos naturalezas en la persona de Cristo. Lutero enfatizaba el hecho de que Cristo es *una* sola persona y que no solo su naturaleza humana sufrió en la cruz, sino la totalidad de su persona.

Además, Martín Lutero enfatizaba la verdadera humanidad de Cristo. El gran reformador reconocía la existencia de una estrecha relación entre la persona y la obra de Cristo. Tal vez, su comentario sobre el texto de Juan 1:14 expresa de manera elocuente el pensamiento de Lutero mejor que cualquier otra cosa que pudiera decirse:

> Al principio del capítulo, el evangelista llamó Dios al Verbo, luego una luz que venía al mundo y creó el mundo, pero no fue aceptado por el mundo. Ahora usa el vocablo «carne». Él condescendió para asumir mi carne y sangre, mi cuerpo y alma. No se hizo un ángel y otra criatura sublime; se hizo hombre. Esta es una demostración de la misericordia de Dios hacia seres humanos maduros; el corazón humano no es capaz de comprenderlo, mucho menos explicarlo.[19]

Comentando Juan 1:1, Lutero expresa:

> Cuando Dios creaba a los ángeles, el cielo, la tierra y todo lo que contiene, y todas las cosas comenzaron a existir, el Verbo ya existía. ¿Cuál era su condición? ¿Dónde estaba Él? A eso san Juan da una respuesta tan buena como lo permite el tema: «Él era con Dios, y Él era Dios». Eso equivale a decir: Él era con Dios y por Dios; Él era Dios en sí mismo; Él era el Verbo de Dios. El evangelista claramente distingue entre el Verbo y la persona del Padre. Hace énfasis en el hecho de que el Verbo es una persona distinta de la persona del Padre.[20]

---

19. Jaroslaw Pelican (ed.), *Luther's Works*, vol. 22, p. 102.
20. *Ibíd.*, p. 102.

Para Lutero, «el Jesús histórico es la revelación de Dios».[21] Mantenía, además, «la doctrina de las dos naturalezas y su unión inseparable en la persona del *Lógos*».[22] En estas afirmaciones, Lutero manifestaba su ortodoxia bíblica. Sin embargo, la cristología de Lutero ha sido impugnada a raíz de la afirmación luterana de que la naturaleza humana de Cristo participa de los atributos de su naturaleza divina.[23] Una implicación de tal postura es el concepto luterano de la omnipresencia del cuerpo de Cristo.[24] De ahí se deriva la creencia de que en la Cena del Señor, los elementos del pan y el vino contienen el cuerpo de Cristo. No obstante, a pesar de esa desviación, Lutero y el luteranismo ortodoxo sostienen sin reserva la cristología tradicional expresada por los concilios eclesiásticos.

La cristología de Calvino

Sin duda, Juan Calvino fue el gran teólogo de la Reforma. Su obra cumbre, *Institución de la religión cristiana*, dio expresión a la teología reformada y ha servido de base para muchos estudios posteriores. Calvino se suscribía sin titubeos al credo de Calcedonia. Afirmaba que Cristo es una persona divina que tomó naturaleza humana en el acto de la encarnación.[25]

Calvino también reconocía la humanidad de Cristo, expresándolo de este modo:

---

21. Reinhold Seeberg, *op. cit.*, tomo II, p. 230.

22. Louis Berkhof, *op. cit.*, p. 115.

23. *Ibíd.*

24. La llamada *Fórmula de la concordia*, en su artículo VIII respecto a la persona de Cristo, expresa que ninguna de las naturalezas de Cristo existe aparte de la otra, sino que las dos naturalezas coexisten en una sola persona, la del Dios-Hombre, de modo que donde la una está la otra tiene que estar. En parte, el mencionado artículo dice: «En esta persona indivisible [Cristo] hay dos naturalezas distintas: la divina que es desde la eternidad, y la humana, que a su tiempo fue asumida en unidad con la persona del Hijo de Dios; estas dos naturalezas en la persona de Cristo nunca se separan ni se mezclan entre sí, ni se cambian la una por la otra, sino que cada una habita en su naturaleza y esencia en la persona de Cristo por toda la eternidad».

25. Juan Calvino, *Institución de la religión cristiana*, vol. I, pp. 350-355.

> Respecto a la afirmación de que el «Verbo fue hecho carne» (Jn. 1:14), no hay que entenderla como si se hubiera convertido en carne, o mezclado confusamente con ella; sino que en el seno de María ha tomado un cuerpo humano como templo en el que habitar; de modo que el que era Hijo de Dios se hizo también hijo del hombre; no por confusión de la sustancia, sino por unidad de la persona. Porque nosotros afirmamos que de tal manera se ha asumido, que cada una de estas dos naturalezas retiene íntegramente su propiedad y, sin embargo, ambas constituyen a Cristo.[26]

Es cierto que Calvino enfatizó la realidad de las dos naturalezas en la persona de Cristo, pero no por ello dejó de hacer hincapié en la unidad de la persona de nuestro Señor.[27] Es así que refutó a Nestorio con estas palabras:

> Debemos sentir horror de la herejía de Nestorio, el cual dividiendo, más bien que distinguiendo, las naturalezas de Jesucristo, se imaginaba en consecuencia un doble Cristo.[28]

El repudio de Calvino del error de Eutiques fue rotundo.[29] Calvino reconoció lo que la Biblia enseña con toda claridad, es decir, que en la persona del Cristo histórico se manifiestan tanto los atributos de humanidad como los de deidad. De modo que Calvino mantenía la fe tradicional de la Iglesia expresada en las fórmulas conciliares. Sus naturalezas, la humana y la divina, que no podían ser separadas ni confundidas, pero que sí pueden ser distinguidas. Calvino expresó claramente que Cristo es una persona divina que al encarnarse incorporó características humanas.

El trinitarismo de Juan Calvino se puso de manifiesto en su

26. *Ibíd.*, pp. 355-356.
27. *Ibíd.*
28. *Ibíd.*, p. 359.
29. *Ibíd.*

refutación y condena de Miguel Servet. De origen español, Servet procedía de una familia estrictamente ortodoxa. Se trasladó a Francia, huyendo de la Inquisición, y allí comenzó a estudiar las Escrituras. Sin embargo, parece ser que Servet se adentró en estudios de naturaleza más filosófica que teológica.[30] Esto lo indujo a rechazar todo aquello que no pudiese ser demostrado por medio de la razón y la lógica. De modo que Servet concluyó que «el Hijo de Dios no puede ser eterno, ya que era una combinación efectuada en un punto de tiempo del Verbo eterno y el hombre Cristo Jesús».[31]

Calvino rechazó la tesis de Servet que negaba la eternidad, la deidad de Cristo y, en cierto sentido, la verdadera humanidad de Cristo. Dijo Calvino: «Su astucia tiende a que, destruida la distinción entre las dos naturalezas, Cristo quede reducido a una especie de mezcla y de composición hecha de Dios y de hombre, y que, sin embargo, no sea tenido ni por Dios ni por hombre».[32] En resumen, la cristología de Calvino, al igual que la de Lutero, se mantuvo dentro de la corriente ortodoxa de la fe cristiana reconocida a lo largo de la historia de la Iglesia. Por supuesto que ha sido necesario refinar algunos de los conceptos expresados por Calvino para que sean mejor comprendidos por otras generaciones, pero, sin duda, el artículo 11 de la *Segunda Confesión Helvética*, titulado «Jesucristo, Dios y hombre Verdadero y único Salvador del Mundo» expresa con mayor claridad el pensamiento de la teología de Juan Calvino y sus seguidores.[33]

La herejía de Socino

Una nota adicional respecto a la cristología de fines del siglo XVI fue la postura tomada por el italiano Fausto Socino (1539-1604), quien fue una especie de librepensador que organizó un grupo que

---

30. Roland H. Bainton, *The Reformation of the Sixteenth Century*, p. 134.
31. *Ibíd.*
32. Juan Calvino, *op. cit.*, p. 359.
33. Manuel Gutiérrez Marín, *Enrique Bullinger: La Segunda Confesión Helvética*, pp. 163-173.

eventualmente se convirtió en una secta antitrinitaria. Las ideas de Fausto en realidad se habían originado con su tío, Lelio Socino, quien mantuvo un período de correspondencia con Calvino, expresando sus dudas respecto a varias doctrinas bíblicas que incluían la de la Trinidad y la muerte vicaria de Cristo.[34]

Tanto Lelio como Fausto Socino rechazaban los credos formulados por los Concilios. Negaban que la muerte de Cristo hubiese aplacado la ira de Dios. Afirmaban que Cristo es nuestro Salvador únicamente en el sentido de que nos señala el camino de la vida eterna. La salvación del hombre viene como resultado de imitar a Cristo.

Aunque los socinianos decían basarse en las Escrituras, daban a entender que el Antiguo Testamento, aunque inspirado, era prácticamente superfluo, teniendo valor histórico, pero no dogmático. Asimismo admitían que los apóstoles eran capaces de errar en asuntos secundarios.[35] Según Socino, las doctrinas, para ser creídas, deben estar basadas en las normas estrictas de la lógica. Por esa causa, rechazaba las doctrinas de la Trinidad, la preexistencia de Cristo, la unión de las dos naturalezas y otras más que no pueden demostrarse mediante la lógica.

Los socinianos afirmaban creer que Cristo había sido concebido sobrenaturalmente por la virgen María, pero lo consideraban un simple hombre, enviado al mundo por un Dios benevolente, para mostrar al hombre el camino de la salvación, no para morir en lugar del pecador. Es cierto que Socino distinguía a Cristo de todos los demás hombres a causa de su nacimiento virginal, su impecabilidad, su bautismo del Espíritu Santo, pero aun así lo reducía al mero hombre histórico Jesús de Nazaret.[36] Curiosamente, Socino creía que Jesús debía ser adorado y, aún más, podía llamársele Dios.

---

34. Philip Schaff, *op. cit.*, vol. VIII, pp. 633-637.

35. Las creencias de los socinianos están expresadas en el llamado Catecismo Racoviano.

36. G. C. Berkouwer, *op. cit.*, pp. 22-23.

Sin embargo, afirmaba que Dios no está personalmente presente en Jesús. Desafortunadamente, la cristología de Fausto Socino no desapareció por completo de la vida de la Iglesia, sino que con diferente ropaje ha hecho su aparición a lo largo de los siglos. La cristología contemporánea, por ejemplo, ha adoptado muchas de las creencias del italiano Socino.

Resumen y conclusión

En resumen, tanto los escolásticos de la Edad Media como los reformadores del siglo XVI aceptaron las formulaciones cristológicas enunciadas por los Concilios. Los escolásticos enfocaron el tema más desde el punto de vista filosófico que desde el exegético. Algunos de ellos hacían más hincapié en la humanidad que en la deidad de Cristo, aunque sin negar esta última. Los reformadores partieron, generalmente, de la exégesis del texto bíblico. Usaron una hermenéutica gramático-histórica y se suscribieron a la cristología tradicional, particularmente a la fórmula de Calcedonia. Con todo eso, hubo brotes de antitrinitarismo, como en los casos de Miguel Servet y Fausto Socino. No obstante, las bases quedaron establecidas y los parámetros colocados para las discusiones cristológicas subsiguientes.

3

La cristología y el liberalismo teológico durante los siglos XVIII y XIX

La transición de la Edad Media a la moderna quedó completada, según algunos historiadores, en el año 1600. Con el siglo XVII, una nueva era tuvo su comienzo. Esta nueva era ha sido llamada «la edad de la razón» o «la era de las luces». Los intelectuales de esa era pusieron su fe en el poder de la razón. Estos hombres enfatizaban que mediante el uso de sus facultades naturales el hombre es capaz de llegar a conocer el secreto de la naturaleza y de su propia persona. Todo conocimiento que no es producto de la razón es sospechoso o espurio. Todas las cosas, ya sea creencias, costumbres, leyes, instituciones, deben sujetarse al escrutinio de la razón. Como es de suponerse, ese acercamiento surtió efecto en el estudio y la enseñanza de los dogmas del cristianismo.

Varias corrientes filosóficas ocuparon la atención de los intelectuales del siglo XVII. El racionalismo trataba de encontrar una respuesta que fuera el producto de la inteligencia humana y que explicase los porqués del universo y del hombre. En Francia surgió René Descartes, en Holanda el judío Benito Espinoza, en Prusia Gottfried Leibniz. Estos hombres tenían un trasfondo científico. Para ellos, algo era real si podía demostrarse por medio de una investigación exhaustiva que convenciese a la razón humana.

Otra corriente filosófica surgida en el siglo XVII fue el empirismo. Los nombres más sobresalientes entre los empiristas fueron Locke, Berkeley y Hume.[1] Para estos hombres la experiencia era la base del conocimiento. La capacidad de comenzar dudando de la realidad de una cosa hasta que fuese conocida mediante la experiencia era de vital importancia. Esto condujo a muchos al escepticismo. Otros, con trasfondo religioso, abrazaron el deísmo, es decir, la creencia de que existe un Dios que no se relaciona con su creación. El universo es gobernado por leyes naturales y no necesita de ningún otro control.

Ese racionalismo filosófico del siglo XVII penetró con fuerza en las esferas de la iglesia cristiana. Un resultado de la influencia racionalista fue el brote del movimiento pietista, como reacción en contra del racionalismo. El pietismo floreció paralelamente con el racionalismo y en algunos casos produjo avivamientos religiosos que frenaron, por lo menos temporalmente, el auge del secularismo. En algunos casos los mencionados avivamientos fueron profundamente subjetivistas, pero, en otros, eminentemente evangelísticos.[2]

El racionalismo del siglo XVIII (y la primera parte del XIX) alcanzó su cénit con la filosofía de Emanuel Kant.[3] Nacido y educado en Prusia, Kant combinó el racionalismo de Descartes y el empirismo de Locke. Kant distingue ciertas categorías de conocimiento. Para él, existen objetos de especulación racional, es decir, *noumeno*. Según Kant, es imposible tener posesión cognoscitiva de lo que es *noumena*. El hombre puede conocer lo que es *phenomena*, es decir, lo que se presenta ante él para su conocimiento. *Phenomena* son los objetos de una posible experiencia. De ahí que Kant negaba que el hombre pudiese alcanzar «un conocimiento histórico y objetivo de la revelación de Dios y de la Biblia».[4] Kant consideraba a Cristo como la idea

1. Berkeley y Hume vivieron en el siglo XVIII.
2. Por ejemplo, los avivamientos dirigidos por los hermanos Wesley tuvieron un énfasis marcadamente evangelístico.
3. Colin Brown, *Philosophy and the Christian Faith*, 1969, p. 91.
4. Earle E. Cairns, *Christianity Through the Centuries*, p. 445.

abstracta de la perfección ética o de la unidad moral con Dios. Lo que salva, según él, no es Jesús como persona, sino la fe en ese ideal ético de perfección. Cristo es la encarnación del bien moral venido a la tierra, y la Biblia relata historias solamente apropiadas para las masas ignorantes, según Kant.[5]

Ese trasfondo filosófico de los siglos XVII y XVIII influyó de manera poderosa en el pensamiento teológico del siglo XIX y, bien podría decirse, aun hasta nuestros días. Los filósofos racionalistas sentaron las bases tanto para la crítica bíblica como para la teología liberal. El liberalismo teológico, incuestionablemente, dejó sentir su influencia en la doctrina de la persona y la obra de Cristo.

Fundamentos de la cristología moderna en Schleiermacher y Ritschl

Friedrich Schleiermacher nació en Prusia en el año 1768. Su padre era un capellán perteneciente a la fe reformada. Fue educado bajo la influencia del movimiento pietista moravo. Tanto la filosofía de Kant como la de Espinoza formaron parte de los estudios de Schleiermacher, quien fue un respetado profesor universitario y contribuyó decisivamente al establecimiento de la Universidad de Berlín en el año 1810, donde enseñó teología por varios años. La contribución de Schleiermacher a la literatura teológica fue significativa. Su pensamiento teológico abarca 11 tomos; sus sermones, 15; y sus consideraciones filosóficas, 9. Su obra más importante lleva como título *La fe cristiana*, en la que trata de presentar un nuevo acercamiento al cristianismo en forma sistemática.

En lo que respecta a la cristología, Schleiermacher tenía muchas cosas buenas que decir respecto a Jesús, pero en todo caso lo deja al nivel de un mero hombre. Cristo es, según Schleiermacher, el arquetipo de la humanidad, centro de la esfera religiosa, un ser consciente de Dios. ¿Quién era Cristo para Schleiermacher? «Un hombre que

5. Colin Brown, *op. cit.*, pp. 103-104.

anduvo tan cerca de Dios que podría decirse que Dios habitaba en Él».[6] Ni la concepción sobrenatural, ni la resurrección, ni los milagros, ni la segunda venida de Cristo tenían importancia para este teólogo.

Cristo provee salvación no a través de una muerte substitutoria, sino por el hecho de que comunica al hombre el poder de su conciencia de Dios. Tal conciencia de Dios produce la bendición redentora. Cristo vive únicamente en el sentido de su influencia en la Iglesia, no porque haya resucitado de los muertos. Resumiendo, Schleiermacher tenía un concepto sabeliano de la deidad. Dios se ha manifestado de tres diferentes modos: 1) la creación, 2) la redención y 3) la obra del Espíritu Santo. Cristo no es la segunda persona de la Trinidad, sino un hombre que ha alcanzado la más pura conciencia de Dios.[7] Para Schleiermacher, Cristo era la humanidad poseída por Dios y no Dios manifestado en carne. En fin, Schleiermacher puso en movimiento la llamada cristología antropocéntrica, que en nuestros días está reverdeciendo como la vara de Aarón.

Albrecht Ritschl (1822-1889), medio siglo después, continuó el trabajo comenzado por Schleiermacher. Ritschl, considerado como un neokantiano,[8] fue profesor de teología en la Universidad de Gotinga desde 1864 hasta su muerte.[9] Como discípulo de Kant, rechazó las consideraciones metafísicas y colocó la ética como el corazón de la religión.[10]

Respecto a la cristología, la meta de Ritschl era alejarla lo más posible de la perspectiva especulativa o metafísica.[11]

> Lo peculiar de su cristología es que, para buscar de nuevo el favor o para hacer accesible una evaluación más alta de la persona de

6. *Ibíd.*, p. 112.
7. Claude Welch, *God and Incarnation*, p. 84.
8. Robert L. Reymond, *Introductory Studies in Contemporary Theology*, p. 81.
9. Colin Brown, *op. cit.*, p. 154.
10. *Ibíd.*
11. Claude Welch, *op. cit.*, p. 201.

> Cristo a la conciencia común del presente, elimina de la cristología convencional todo lo que podría producir choque con las ciencias naturales, o con las leyes de la historiografía, o con la crítica histórica presente.[12]

Es así que Ritschl, al igual que Schleiermacher, presenta a Cristo desde una perspectiva antropocéntrica. El valor de su persona se ve a través del carácter de su obra.[13] Es decir, que Cristo era un simple hombre «pero en vista de la obra que realizó y del servicio que prestó se le atribuye correctamente el predicado de deidad».[14] Es la vida de Cristo en la tierra, como hombre, lo que produce la completa revelación del amor de Dios. Ni los sufrimientos ni la muerte de Cristo por sí mismos tienen valor redentor alguno. El valor está en que esos hechos demuestran que Jesús fue fiel a su llamamiento divino. Ritschl no le otorga importancia alguna a la preexistencia de Cristo, mucho menos a la cuestión de las dos naturalezas. Del mismo modo, descarta la doctrina de la segunda venida de Cristo, así como la del juicio futuro. En resumen, Ritschl consideraba que la tarea del teólogo es estudiar al Jesús histórico sin ocuparse de cuestiones tales como «naturalezas» o «persona». Según él, esas son cuestiones metafísicas, no teológicas.

Otras cristologías del siglo XIX

Por razones de espacio se mencionarán de manera escueta algunos otros sistemas cristológicos surgidos en el siglo XIX. Varios de estos sistemas prevalecen aún con algunas modificaciones y con nombres diferentes.

La escuela de Hegel

G. W. F. Hegel (1770-1831) creía en la existencia de una mente universal de la que toda persona u objeto participa. Hegel definía la

12. *Ibíd.*
13. H. R. Mackintosh, *op. cit.*, p. 279.
14. Louis Berkhof, *op. cit.*, p. 122.

realidad como «la evolución de la Razón Absoluta mediada por la naturaleza y la historia».[15] La historia es la autorrealización de Dios mediante el proceso de la experiencia humana.[16] La razón humana es un espejo de la razón eterna. De modo que, en el último análisis, la realidad es algo espiritual.

En el orden filosófico, Hegel contribuyó con la formulación de un sistema dinámico de razonamiento, conocido como dialéctica.[17] Este sistema es un derivado del concepto hegeliano de que todo el universo es una especie de enorme sistema racional a través del cual todas las cosas están relacionadas. Nada en el mundo existe aisladamente. Toda cosa está relacionada con lo que está más cerca de ella. Hegel decía que lo real es racional y lo racional es real.

Respecto a la cristología, Hegel evitó antagonizar abiertamente con la Iglesia, pero sí consideraba que la importancia del Cristo histórico había sido entendida erróneamente y, por lo tanto, necesitaba hacerse un reajuste. Es aquí donde Hegel mezcla sus conceptos filosóficos con los teológicos. La enseñanza de la Iglesia acerca de la encarnación es un símbolo metafísico que ayuda a comprender y a generar fe en el Dios-humanidad. Es mediante ese símbolo como se percibe la encarnación universal, mediante la cual la vida del hombre y la de Dios forman una unidad que relaciona lo universal con lo particular, y en esa unión ambos encuentran su realización.[18]

¿Qué valor o qué función tenían para Hegel la muerte, la resurrección y la glorificación de Cristo? Eran cuadros magníficos de ideas ontológicas. Nos hablan, primeramente, del hombre en su

---

15. H. R. Mackintosh, *op. cit.*, p. 257.

16. *Ibíd.*

17. La dialéctica de Hegel comienza con una *tesis* que mediante un principio de negación es trasladada al lado opuesto, llamado *antítesis*. El choque producido por el enfrentamiento de la *tesis* y la *antítesis* produce una reconciliación de ambos a lo que se llama síntesis.

18. No debe olvidarse que para Hegel el universo tiene como centro una Razón Absoluta que se desarrolla en la historia y en la naturaleza. Todas las cosas, según Hegel, están relacionadas entre sí.

estado de alienación y finitud, sujeto a la negación y a la disolución.[19] Sin embargo, también nos habla de la humanidad vista en unión con el infinito, donde adquiere una alta posición en el proceso total del universo.[20]

La cristología de Hegel refleja un interés menor en la persona de Jesús que en lo que se creía acerca de Él.[21] La encarnación simboliza el concepto de la unidad entre Dios y el hombre.[22] La encarnación del Verbo y su presencia entre los hombres tiene que ver con el proceso de la realización de Dios en la historia humana. Es que «Hegel está interesado en el Dios-hombre solo como una construcción lógica, y no como una persona viviente».[23] La cristología, para Hegel,

> afirma sencillamente que Dios viene a ser Espíritu (*Geist Wird*), y esto puede tener lugar solamente en un espíritu finito, en el hombre; en quien surge la conciencia de lo Absoluto, y quien entonces es de igual manera la conciencia que de sí mismo tiene lo Absoluto.[24]

En resumen, la cristología de Hegel es elevadamente filosófica y especulativa. La base fundamental no es la Biblia, sino la dialéctica. El punto de partida es el idealismo metafísico y no el Dios soberano actuando en armonía con su eterno propósito. Su teoría de que la historia es la autorrealización de Dios en y a través del proceso de la experiencia humana lo coloca como uno de los precursores de la llamada teología del proceso,[25] muy generalizada en la segunda mitad del siglo XX.

---

19. H. R. Mackintosh, *op. cit.*, p. 257.
20. *Ibíd.*
21. *Ibíd.*, p. 258.
22. Louis Berkhof, *op. cit.*, p. 119.
23. Hugh Mackintosh, *Corrientes teológicas contemporáneas*, p. 105.
24. Citado por H. R. Mackintosh en *The Doctrine of the Person of Jesus Christ*, p. 259.
25. Ewert H. Cousins (ed.), *Process Theology*, pp. 9, 12.

La cristología de David F. Strauss (1808-1874)

David F. Strauss nació en Ludwigsburgo, Alemania. Fue discípulo de Ferdinand C. Bauer, el afamado profesor de Historia Eclesiástica y Teología Dogmática de la universidad de Tubinga. Entre los años 1835-1836, Strauss publicó el primer tomo de su otrora famosa y muy leída obra *Vida de Jesús*.[26] La publicación de dicha obra provocó una fuerte reacción de crítica en contra de su autor. En su *Vida de Jesús*, Strauss pretende desentenderse tanto de la interpretación racionalista como de la conservadora en su estudio de los Evangelios.[27] En su lugar, Strauss ofrecía otra alternativa que él llama «mítica».[28]

La historia de los Evangelios recibida por la Iglesia, según Strauss, «es en su mayor parte una colección de mitos acumulados gradualmente en la sociedad cristiana primitiva... Muy poca cosa de índole histórica es verificable respecto a Jesús mismo, y lo poco que hay en todo caso es totalmente incapaz de sostener el peso del dogma cristológico. En realidad, la identificación de una divinidad humana con la persona de Jesús se debe no al pensamiento científico, sino a la imaginación religiosa; porque aunque Jesús fue incuestionablemente el pionero en posesionarse de la idea de que la deidad y la humanidad son una en esencia, aun así el Cristo de la fe (es decir, no la realidad histórica de la encarnación, sino la noción abstracta) en ningún sentido es coincidente con individuo de clase alguna».[29]

Es decir que, según Strauss, el conocimiento histórico que se tiene de Jesús es prácticamente insignificante, de modo que puede ser descartado. El dogma cristológico que la Iglesia enseña respecto a Cristo tiene un valor especulativo y espiritual, siempre y cuando

---

26. Werner Georg Kümmel, *The New Testament: The History of the Investigation of its Problems*, p. 492.

27. *Ibíd.*, p. 121.

28. *Ibíd.*

29. David F. Strauss, *Vida de Cristo*, citado por H. R. Mackintosh, *The Doctrine of the Person of Jesus Christ*, p. 260.

no se le conceda propiedad histórica. De modo que está bien hablar del nacimiento sobrenatural de Jesús, sus milagros, su resurrección y su exaltación, si tales cosas se consideran como símbolos de una idea metafísica, no como realidades históricas.

Strauss opinaba que el Mesías era un personaje imaginario producto de las leyendas del Antiguo Testamento.[30] Los judíos transfirieron sus sagas a la persona de Jesús, quien sabía que Él era el Mesías, aunque solo después de haber llegado a ese conocimiento progresivamente.[31]

Resumiendo, la cristología de Strauss refleja un avivamiento del ebionismo panteísta del siglo I. Strauss considera a todos los hombres como divino-humanos. Para él, «el cristianismo es la refutación final de todo dualismo y la perfecta expresión de una pura inmanencia monística».[32] Strauss, además, no consideraba importante para la cristología la persona misma de Jesús, sino la idea, el dogma o los principios religiosos esenciales para la fe. El punto central de la cristología de Strauss no era el Dios-hombre sino el dios-humanidad. Su base no era el testimonio de las Escrituras, sino el canon de ciertas presuposiciones filosóficas de origen panteísta y evolucionista. Como seguidor de Hegel, Strauss separa a la persona de Cristo de la fe o sistema de doctrina respecto a esa persona. Esto es, sin duda, un error mayúsculo en la cristología de hombres como Hegel, Strauss y otros.

La cristología de A. E. Biedermann (1819-1885)

Biedermann, de origen suizo, es considerado como el teólogo que expresa de manera más pura el pensamiento hegeliano.[33] Este teólogo pretendía construir un sistema de pensamiento que permitiese la aceptación de la fe, pero su materia prima seguía siendo la filosofía

30. E. H. Klotsche, *op. cit.*, p. 318.
31. Werner G. Kümmel, *op. cit.*, p. 121.
32. H. R. Mackintosh, *op. cit.*, p. 262.
33. *Ibíd.*

monística de Hegel.[34] El punto central de su cristología era «la diferencia entre el principio de la redención y la persona del Redentor».[35]

Según Biedermann, Dios y el hombre son distintos en naturaleza pero uno en existencia.[36] La encarnación no es un acontecimiento, sino un proceso. Algo sin principio ni fin en la vida de Dios. En cuanto a la redención, tampoco es un suceso, sino que es el proceso incesante de la autorreconciliación de Dios. La redención como dogma cristológico debe separarse de la persona de Jesús. Aunque Jesucristo es la persona en quien el principio de la redención se encarnó, la teología dogmática en sí nada tiene que ver con el Cristo-persona.

Resumiendo, como la mayoría de sus contemporáneos involucrados en el quehacer teológico, Biedermann no toma las Escrituras como su punto de partida. Es más, su trabajo no se caracteriza por la exégesis bíblica. El eje de su discusión gira alrededor de conjeturas filosóficas muy prevalentes en su época.

Resumen y conclusión

Debido a la falta de espacio, no se extiende este resumen respecto a la cristología y su relación con el liberalismo teológico de los años 1700 al 1900. Muchos otros nombres e ideas podrían mencionarse, pero el estudiante debe acudir a la bibliografía disponible para ampliar o profundizar sus conocimientos respecto a este tema.

El estudiante interesado en el desarrollo de la cristología busca conocer el pensamiento de Isaak August Dorner, quien fuera contemporáneo de Strauss. Dorner pertenecía a la llamada «escuela mediadora»,[37] así designada por tomar una postura intermedia entre la fe luterana y la reformada. Según Dorner, Dios y el hombre no son

---

34. *Ibíd.*

35. *Ibíd.*, p. 263. Véase también, Hugo Mackintosh, *Corrientes teológicas contemporáneas*, p. 123.

36. Puede observarse el principio hegeliano de que Dios se hace autoconsciente en la historia y en la humanidad.

37. H. R. Mackintosh, *op. cit.*, p. 273.

polos opuestos, sino parientes espirituales. Decía que la encarnación era necesaria aunque el hombre no hubiese pecado. La necesidad de la encarnación se deriva del hecho de que está en la naturaleza de Dios el comunicarse con el hombre. Si se añade que el hombre está estrechamente relacionado con Dios, la idea del Dios-hombre se convierte en una demanda razonable.

Dorner consideraba que la humanidad de Cristo era una «nueva humanidad» cuyo destino era ser «la Cabeza de una raza de hombres redimidos».[38] Un punto crucial en la cristología de Dorner era que, según él, «la unidad de la vida divina-humana no debe concebirse como completa desde el principio».[39] De modo que la encarnación no debe tomarse como algo completo, sino continuo y progresivo que tiene su culminación en la resurrección.[40] Es evidente que, para Dorner, Cristo era un simple hombre que progresivamente llegó a estar consciente de que era Dios. Tal enseñanza es contraria a las Escrituras.

También, a principios del siglo XIX surgieron las llamadas «teorías kenóticas».[41] Los teólogos que han tratado de explicar el misterio de Filipenses 2:7 se han preguntado: ¿De qué se vació Cristo? Uno de los más prominentes, Tomasio, afirma que el autovaciamiento no se relaciona con la encarnación, sino con el Cristo preexistente. De modo que, según Tomasio, Cristo retuvo sus atributos esenciales o morales, tales como verdad, amor y santidad porque estos constituyen el ser mismo de la Deidad. Cristo, sin embargo, se despojó temporalmente, opina Tomasio, de sus atributos relativos (omnipotencia, omnisciencia y omnipresencia), volviendo a poseerlos después de su resurrección.

---

38. *Ibíd.*

39. *Ibíd.*

40. Louis Berkhof, *op. cit.*, p. 122.

41. La palabra *kenótica* proviene del verbo griego *kenoo*, usado en Filipenses 2:7, donde dice que Cristo «se vació a sí mismo». Además de Tomasio, otros teólogos, como W. F. Gess, J. H. August Ebrard y Hans L. Martensen han sugerido teorías que han sido rechazadas por teólogos conservadores, entre otras razones, porque todas ellas afectan la doctrina de la Trinidad.

No debe pensarse, sin embargo, que todos los teólogos del siglo XIX eran de tendencia liberal, aunque hay que admitir que los más influyentes sí lo eran. No obstante, hubo hombres como H. P. Liddon (1829-1890), Joseph B. Lightfoot (1828-1889), John Eadie (1810-1872) y otros que a través de la exposición bíblica defendieron las doctrinas fundamentales de las Escrituras. Estos hombres, a diferencia de sus contemporáneos racionalistas, tomaban como punto de partida la exégesis del texto bíblico, creyendo en la infalibilidad de la Palabra de Dios. Claro que no eran ignorantes de los argumentos críticos de aquellos tiempos, pero preferían confiar en la revelación divina.

4

La cristología y la neo-ortodoxia del siglo XX

A PRINCIPIOS DEL SIGLO XX surgió un movimiento teológico definido por algunos como neo-ortodoxia,[1] y por otros como teología de la crisis.[2] Hay quienes prefieren asociar dicha teología con la persona de su fundador, Karl Barth, y la llaman «barthianismo».[3] La neo-ortodoxia, además, ha sido llamada «logoteísmo» por considerársela como una teología del *Lógos* o Palabra de Dios,[4] y también «realismo bíblico» ya que pretende descubrir de nuevo la interpretación teológica de la Biblia,[5] perdida en el laberinto de las interpretaciones filosóficas de los siglos XVIII y XIX. A esta lista de nombres hay que añadir el de «teología dialéctica», ya que, al principio de su aparición, «la neo-ortodoxia no creía en la clase de aserciones directas que tanto los teólogos ortodoxos antiguos como los liberales habían hecho respecto al hombre y a Dios».[6] Finalmente, algunos han calificado a la neo-ortodoxia como el neoliberalismo o el neomodernismo del siglo XX.[7]

1. John Dillenberger y Claude Welch, *Protestant Christianity*, p. 268.
2. Paul L. Lehmann, «The Theology of Crisis», *The New Schaff-Herzog Religious Encyclopedia*, pp. 309-312.
3. Bernard Ramm, *Protestant Biblical Interpretation*, p. 69.
4. *Ibíd.*
5. *Ibíd.*
6. Bernard Ramm, *A Handbook of Contemporary Theology*, p. 35.
7. Cornelius Van Til, *The New Modernism*: «An Appraisal of the Theology of Barth and Brunner», pp. 371-379.

La escuela neo-ortodoxa nació inmediatamente después de la Primera Guerra Mundial con la publicación de la obra de Karl Barth, *Comentario a los Romanos* (*Roemerbrief*). Esta obra apareció originalmente en alemán en 1919 y posteriormente en inglés en 1933. Barth nació en Basilea, el 10 de mayo de 1886. Cursó estudios superiores en las universidades de Berna, Berlín, Tubinga y Marburgo.[8] Eso significa que Karl Barth estuvo expuesto a las corrientes filosóficas racionalistas que permeaban todas las disciplinas académicas durante la segunda mitad del siglo XIX y que continuaron en el siglo XX.

En el año 1911, mientras pastoreaba una iglesia en Safenwil, Suiza, Barth se decepcionó del entrenamiento teológico liberal que había recibido, particularmente por el hecho de que sus antiguos profesores apoyaban la política militarista del Káiser Wilhelm II.[9] Barth y un amigo cercano, Eduard Thurneysen, comenzaron a estudiar juntos y a reevaluar sus teologías. El resultado directo de aquel estudio fue la *Epístola a los Romanos* de Barth, obra que, como ya se ha mencionado, produjo la chispa que dio inicio a la neo-ortodoxia.

Karl Barth rechazaba la cristología de Schleiermacher, Ritschl y todos los que propugnaban la corriente del Jesús de la historia. Tanto Barth como otros teólogos neo-ortodoxos sostenían que no es la aparición histórica de Jesús, sino solo el Cristo que puede ser discernido mediante los ojos de la fe, quien es el vehículo de la revelación de Dios. Barth rechazaba que la Biblia fuese en sus manuscritos originales la Palabra infalible de Dios.[10] Consideraba que Dios no puede estar limitado por una revelación terminada, equivalente a la Escritura.[11] La Biblia no es la revelación, sino un testigo de la revelación. La

---

8. Los maestros de Barth fueron su padre, Fritz Barth; el teólogo ritschliano, Adolf Von Harnack; el también seguidor de Ritschl, Wilhelm Herrmann; además estudió el Nuevo Testamento bajo la dirección de Adolf Schlatter, un eminente erudito conservador. En Marburgo sus profesores fueron Adolf Julicher, Wilhelm Heitmuller y el mencionado Herrmann.

9. Robert L. Reymond, *Introductory Studies in Contemporary Theology*, p. 113.

10. Van Til, *op. cit.*, p. 391.

11. *Ibíd.*

revelación de Dios es exclusivamente personal. Sin embargo, según Barth, la revelación de Dios en la historia no puede identificarse directamente con Jesús de Nazaret.[12]

Barth presta mucha atención a las doctrinas de la elección y la reconciliación. En su consideración de estas doctrinas, Barth refleja su cristomonismo, es decir, «el teólogo bíblico debe comenzar con Cristo y solo con Cristo en la formulación de su doctrina».[13] Para Barth, Cristo era tanto el Dios que elige como el hombre elegido. «Cristo es el comienzo de todos los tratos y obras de Dios. La relación primaria de Dios hacia el hombre es la de elegirlos en Cristo (II, 2, p. 168). La totalidad de la enseñanza bíblica respecto a la creación y a la providencia debe verse a la luz de Cristo como el Dios que elige».[14]

Sin embargo, la retórica usada por Barth para explicar la relación entre Cristo, Dios y el hombre tiende a confundir más que a aclarar. Según Barth:

> En Cristo, Dios y el hombre se hacen totalmente idénticos. Pero esa identificación de Dios con el hombre en Cristo no es una identificación directa. Dios desciende al hombre en autoalienación. El sujeto que se revela totalmente a sí mismo al identificarse con su criatura se esconde a sí mismo completamente en el objeto de su creación. El sujeto de la revelación se convierte en el objeto, así mismo como sujeto. Al convertirse en el objeto así mismo en Cristo, se convierte en el hombre verdadero. Cristo, es, por lo tanto, el hombre real, el único hombre real. Cristo es Adán.[15]

Dios, según Barth, se hizo el objeto de su propia ira. Cristo es el objeto de la ira de Dios por ser Él el hombre real y el único

12. *Ibíd.*, p. 393.
13. Robert L. Reymond, *op. cit.*, p. 118.
14. Cornelius Van Til, *Barth's Christology*, p. 13.
15. Van Til, *The New Modernism*, p. 403.

en quien el pecado pudo originarse.[16] Dios trata con nosotros en gracia antes de cumplir su ira. Es así como Cristo es el hombre elegido. La gracia de Dios sobrepasa su ira. Dios ha derrotado al pecado en el elegido, Cristo. Es en esta coyuntura donde Barth se aleja de la doctrina reformada. Calvino y los demás reformadores entendían que Dios está separado del hombre ontológicamente. A causa del pecado, el hombre está moral e históricamente separado de Dios. Para Barth, la relación entre Jesucristo como verdadero Dios y como verdadero hombre era dialéctica, mientras que para los teólogos reformados era el misterio teológico llamado la unión hipostática.

En resumen, la cristología de Barth manifiesta un esfuerzo para refutar el concepto antropocéntrico de la teología liberal del siglo XIX. Sin embargo, el gran teólogo suizo-alemán cayó víctima del grave error de descartar la autoridad final de la revelación escrita. En realidad, la cristología de Barth es una especie de modalismo moderno. El cristomonismo de Barth es, además, reduccionista. La Biblia presenta a un Dios trino desarrollando un plan elaborado en la eternidad. Las tres personas de la Trinidad están en acción. Finalmente, Barth deja entrever un universalismo que no tiene apoyo bíblico de clase alguna. Aunque puede decirse que Barth se acercó mucho más a la Biblia que sus contemporáneos liberales, y más que sus colegas neo-ortodoxos, también puede decirse que su acercamiento fue a medio camino. No cabe duda de que el pensamiento teológico de Barth fue influido por la filosofía existencialista, particularmente la de Kierkegaard y Heidegger. De ahí su énfasis en la experiencia. Si bien es cierto que la teología de Barth, en particular su cristología, no resultó en un regreso a la ortodoxia bíblica, debe subrayarse que su contribución a la discusión teológica ha sido altamente beneficiosa.

Estrechamente relacionado con la escuela neo-ortodoxa aparece el nombre de Emil Brunner. Nacido en Zúrich, Brunner estudió en

---

16. *Ibíd.*

su tierra natal, en Alemania y en los Estados Unidos. Se le conoce como el fundador de la escuela dialéctica y como un estrecho colaborador de Karl Barth. Fue Brunner, no Barth, quien introdujo la teología neo-ortodoxa en la América anglosajona.[17]

El corazón de la teología de Brunner yacía en su concepto de la revelación.[18] Revelación, según Brunner, consiste en la actividad divina para la salvación del mundo.[19] De ahí que consideraba que la revelación no podía ser un libro o una doctrina, sino una persona. «La revelación es Dios mismo en su automanifestación dentro de la historia».[20]

De ese concepto de revelación se desprende la cristología de Brunner. No concebía la revelación como el mero hecho histórico manifestado a través de la historia, tal como la vida de Cristo y la personalidad histórica de Jesús, «sino, más bien, el secreto invisible de la persona de Jesús, escondido detrás del velo de la historia y de la vida humana, no el Cristo según la carne, sino el Cristo según el Espíritu, la Palabra hecha carne».[21]

A pesar de todo lo que Brunner dice acerca de Cristo, debe subrayarse que, para él, el «Cristo-evento» no era sinónimo con Jesús de Nazaret ni tampoco con el Cristo de la ortodoxia cristiana. Es más, Brunner pone en tela de juicio la existencia misma de Cristo.[22] Según Brunner, Cristo debe ser percibido como incógnito en Jesús. Cristo está en Jesús, pero no en la historia. Cristo constituye una verdadera paradoja en la teología de Brunner, ya que se presenta como una verdadera revelación, pero como totalmente escondido.

Como bien señala Reymond, quien ha sido profesor de teología en varios seminarios norteamericanos:

---

17. Robert L. Reymond, *op. cit.*, p. 92.
18. *Ibíd.*
19. *Ibíd.*
20. *Ibíd.*
21. Emil Brunner, *The Mediator*, citado por Reymond, *ibíd.*
22. *Ibíd.*

> Aquí el lector tal vez esté frustrado por lo que parece ser contradictorio: un Cristo en la carne, pero no según la carne, un Cristo-evento que revela totalmente a Dios pero que lo esconde completamente, un Cristo que toca al tiempo, pero que en realidad no entra en el tiempo.[23]

Brunner no identifica los actos salvadores de Dios con ningún hecho o suceso histórico en particular. En su teología, no hay un énfasis en la encarnación, la crucifixión, ni aun en la resurrección. El tema principal de la teología de Brunner es el de la revelación universal y la salvación, mediante lo que él llama el encuentro Palabra-fe.

Otro teólogo íntimamente relacionado con la neo-ortodoxia es el alemán Rudolf Bultmann. Bultmann recibió su educación bajo la dirección de los más afamados teólogos de aquellos tiempos: Karl Müller en Tubinga; Gunkel y Von Harnack en Berlín; Jülicher, Weiss y Herrmann en Marburgo. Rudolf Bultmann se hizo famoso cuando, en 1941, presentó una ponencia titulada *El Nuevo Testamento y la mitología*. En dicho trabajo, Bultmann señalaba que la iglesia primitiva expresó su fe en forma mitológica. Ahora bien, mito, según Bultmann, no significa ficción o cuentos de hadas, sino una manera imaginaria de expresión que se usa como un vehículo para transmitir verdades divinas con lenguaje humano. Bultmann afirmaba que, para descubrir el verdadero *Kérygma* (contenido del mensaje), era necesario desvestir al Nuevo Testamento de su ropaje mitológico.

Bultmann estaba convencido de que solo la ciencia podía resolver las cuestiones históricas, de modo que era necesario excluir los milagros de la Biblia, la encarnación, la resurrección, profecía y escatología, ya que ninguna de esas cosas podía ser explicada científicamente y, por lo tanto, resultaba irrelevante para el hombre moderno.[24] El Jesús de Bultmann es un simple hombre a quien la fe de la Iglesia elevó al rango

---

23. *Ibíd.*, p. 99.
24. Bernard Ramm y cols., *Hermeneutics*, p. 131.

de deidad. Según Bultmann, ni siquiera es posible determinar si Jesús se consideró alguna vez como el Mesías. En su opinión, los Evangelios no se ocupan tanto de Jesús en cuanto persona, como de la fe y la predicación respecto a Jesús. En Bultmann, la teología se convierte en una antropología con una marcada expresión existencial.

En conclusión, la teología neo-ortodoxa no se alejó lo suficientemente del liberalismo del siglo XIX, pero sí abrió las puertas a muchos estudiosos de las Escrituras para continuar la investigación bíblica en un entorno distinto al de Schleiermacher y Ritschl. Sin embargo, en las áreas cruciales de la bibliología y la cristología, la neo-ortodoxia se ha acercado muy poco a la teología tradicional y al pensamiento de los reformadores.

Es lamentable que hombres como Brunner y Bultmann, que profesaron seguir un patrón científico con base objetiva, cuando se acercan a las Escrituras y a las verdades allí expuestas, renuncien al objetivismo para caer en un exagerado subjetivismo existencialista en el que las realidades son diluidas hasta el punto de perder su significado. La queja de Bultmann era que los evangelistas habían puesto un ropaje mitológico al *Kérygma* y que la tarea del teólogo es quitar ese supuesto ropaje. Sin embargo, lo cierto es que los teólogos neo-ortodoxos han puesto su propia vestidura sobre los Evangelios. Una vestidura que prácticamente deja a los Evangelios y al resto de la Biblia sin mensaje que predicar. Uno de los graves problemas que todo lector de la teología neo-ortodoxa confronta, no importa en qué idioma la lea, es lo desconcertantemente complicado del vocabulario empleado por dichos teólogos.[25]

---

25. Un ejemplo de lo mencionado puede encontrarse en la obra de Gordon H. Clark, *Karl Barth's Theological Method*. Al tratar de interpretar a Barth, el Dr. Clark muchas veces se ve imposibilitado de hacerlo a causa de la incertidumbre del mismo Barth.

5

La cristología contemporánea

NINGUNA OTRA ÁREA de la teología ha recibido mayor atención durante la segunda mitad del siglo XX que la cristología. Teólogos de todos los sectores, católicos, protestantes, liberales, conservadores, neo-ortodoxos, han sentido la motivación, necesidad o curiosidad de escribir tratados acerca de la cristología. Algunas de estas obras constituyen un genuino esfuerzo dirigido a aclarar ciertos aspectos de la doctrina que habían sido omitidos en trabajos anteriores.[1] Otras, sin embargo, son el resultado de una hermenéutica basada en conceptos sociopolíticos a la que desea colocársele un ropaje anticristiano. Una especie de Esaú con voz de Jacob.[2] Hay, además, otras aportaciones que, siguiendo la línea tradicional de interpretación, forman una base de apologética conservadora en contra de los que pretenden reducir la persona de Cristo a un mero hombre con una profunda autoconciencia de que era un instrumento destinado a cumplir una misión divina.[3]

Es de vital importancia subrayar que el debate cristológico

1. Esta característica es observable tanto en el trabajo de Christian Duquoc, *Cristología: Ensayo dogmático sobre Jesús de Nazaret, el Mesías* (Salamanca: Ediciones Sígueme, 1978), como en el de R. H. Fuller, *The Foundations of New Testament Christology* (1965). Podría añadirse la obra de W. Kasper, publicada originalmente en alemán bajo el título de *Jesus der Christus* (1975).

2. Dos trabajos reconocidos en ese estilo son el de Leonardo Boff, *Jesús Cristo Libertador,* y el de Jon Sobrino, *Cristología desde América Latina.*

3. A la tercera categoría pertenecen los trabajos de G. C. Berkouwer, *The Person of Christ* y *The Work of Christ.* También el de J. Dwight Pentecost, *The Words and Works of Jesus Christ,* así como el de Francisco Lacueva, *La persona y la obra de Jesucristo.*

contemporáneo está íntimamente entretejido con la doctrina de la autoridad e inerrancia de las Escrituras. Los que desean reducir la persona de Cristo al nivel de un simple hombre se basan sobre la premisa de que los documentos bíblicos no son confiables, ya que están revestidos de un ropaje mitológico. Los que así piensan, sostienen que lo que el Nuevo Testamento dice de Cristo es la interpretación que la iglesia primitiva impuso para poder proclamar el *Kérygma* o mensaje evangelístico en aquellos tiempos.[4]

No es difícil observar que muchos, por no decir la mayoría, de los trabajos contemporáneos sobre cristología que están a la venta, manifiestan las marcas de la nueva hermenéutica, por un lado, y de la alta crítica, por el otro. Ambos rechazan el postulado de que la Biblia es la revelación objetiva, escrita bajo la supervisión del Espíritu Santo, dada por Dios y, por lo tanto, infalible. Partiendo desde D. F. Strauss,[5] pasando por R. Bultmann,[6] el clamor de muchos ha sido «hay que desmitificar la Biblia» para encontrar el mensaje, o «hay que desvestir a los Evangelios de su ropaje mítico para descubrir al Jesús histórico».[7]

Otra corriente inyectada en la discusión cristológica también por Rudolf Bultmann ha sido la del grado de influencia helenística en los conceptos expresados en el Nuevo Testamento.[8] Según algunos escritores, los cristianos primitivos definieron a Jesús influidos por los conceptos escatológicos del judaísmo, pero usando el vocabulario popularizado por la cultura griega. Esa opinión es expresada por el teólogo suizo Oscar Cullmann:

> Para responder a la pregunta: «¿Quién es Jesús?», los primeros cristianos podían recurrir a ciertas ideas corrientes del judaísmo y en

4. Jim Packer, «The Vital Question», *Themelios* 4:3:84-87, abril, 1979.
5. Werner G. Kümmel, *The New Testament: The History of the Investigation of its Problems*, pp. 120-143.
6. James W. McClendon, *Teólogos destacados del siglo XX*, pp. 47-52.
7. Harvie M. Conn, *Teología contemporánea en el mundo*, p. 39.
8. Werner G. Kümmel, *op. cit.*, pp. 266-268.

> particular de la escatología judía. En esto estriba el que la cuestión cristológica se plantee, en los orígenes de la Iglesia, del siguiente modo: ¿En qué medida cumplió Jesús lo que en estas ideas va implícito? ¿En qué medida su obra las rebasa? ¿En qué puntos entra en contradicción con las ideas cristológicas que el judaísmo tardío parece postular? Y cuando los primeros cristianos, al vivir en un medio helenista, responden al problema cristológico recurriendo a un título que ya entre los griegos designaba a un mediador divino, habrá que preguntarse si la iglesia primitiva atribuía a ese título las mismas ideas que el paganismo ambiente.[9]

Debe subrayarse que Cullmann no desarrolla la cuestión ontológica en su cristología como tema central. Su eje de discusión es la «historia de la salvación». De modo que lo que el Nuevo Testamento dice de Jesús está expresado en función de su obra y no de su persona.[10] Como señala Harvie Conn, profesor de apologética en el Seminario Teológico Westminster:

> Cullmann construye una filosofía del tiempo y la historia en Cristo. Pero se concentra tanto en la obra de Cristo que niega, por negligencia, la deidad ontológica de Cristo, negando así al Cristo de las Escrituras. Repetidamente insiste que el Nuevo Testamento casi no muestra interés en la persona ontológica de Cristo. En sentido final, entonces, el Cristo de Cullmann no es más el Cristo de las Escrituras que el Cristo de Barth.[11]

Cullmann, por lo tanto, da un énfasis funcional a su sistema de cristología. Lo más importante, según él, es lo que Cristo hace

---

9. Oscar Cullmann, *Cristología del Nuevo Testamento*, p. 19.

10. En su obra, Cullmann examina diez títulos asignados a Cristo en el Nuevo Testamento. El estudio es cuidadoso y meritorio, pero Cullmann pasa por alto la relación de dichos títulos con la persona de Cristo, relacionándolos casi exclusivamente con su obra. Véase Cullmann, *Cristología*, pp. 25-350.

11. Harvie M. Conn, *op. cit.*, p. 47.

y no la naturaleza de su persona. Solo después de haber examinado su obra, surge la pregunta cristológica: ¿Quién es esa persona?[12] En resumen, Oscar Cullmann da a entender que Jesús prácticamente no se expresó respecto a su propia persona. Lo que el Nuevo Testamento dice tiene que ver con la interpretación dada por los apóstoles y por la iglesia respecto a Cristo a raíz de su muerte y resurrección.

Una de las obras más laudadas respecto a la cristología en años recientes ha sido la del teólogo católico alemán, Hans Küng, profesor de la Universidad de Tubinga. La obra de Küng, titulada en castellano *Ser cristiano*,[13] lo coloca como uno de los líderes de la llamada «nueva cristología». Según Küng, la fe cristiana necesita ser expresada en el lenguaje moderno. El hombre de hoy no entiende el vocabulario teológico expresado por los antiguos, de modo que hay que actualizar lo que se ha dicho respecto a Cristo y adaptarlo a la mentalidad del hombre moderno.[14] También cree Küng que es necesario presentar a un Cristo que sea más aceptable a las demás religiones, como la islámica, budista, hindú, etc.[15]

Küng distingue entre el Jesús histórico y el Cristo de la fe.[16] Es difícil, dice Küng, conocer a ciencia cierta la verdad respecto al Jesús histórico. Según él, debido a las incrustaciones mitológicas de los Evangelios, se hace necesario despojar el relato bíblico de esos excesos. Sin embargo, el Cristo de la fe es producto de la creencia en la muerte y la resurrección de Cristo. Ahora bien, debe entenderse lo que Küng quiere decir cuando habla de la resurrección. Küng, al igual que Jürgen Moltmann, considera la resurrección más como un símbolo de la fe que como una realidad histórica.[17]

---

12. I. Howard Marshall, *The Origins of New Testament Christology*, p. 23.

13. Hans Küng, *Ser cristiano*.

14. Si Bultmann abogaba por una desmitificación de los evangelios, Küng está abogando por una especie de desmitificación de la teología.

15. Hans Küng, *op. cit.*, pp. 105-141.

16. *Ibíd.*, pp. 179-205.

17. Battista Mondin, «The Christological Experiment of Hans Küng», *Biblical Theological Bulletin*, abril, 1977, p. 83.

Una queja de Küng es que la cristología tradicional, la de los Concilios y la conservadora, se ha formulado «desde arriba», es decir, partiendo de Jesús como Dios. Küng aboga por una cristología «desde abajo», es decir, desde la humanidad de Jesús. Lo cierto es que Küng abiertamente niega la absoluta deidad de Cristo, considerando a Jesús como «el representante de Dios ante los hombres».[18] «Küng declara que acepta la fórmula de Calcedonia, pero que las interpretaciones de esta deben seguir la opinión de muchos eruditos modernos de que Jesús no se proclamó a sí mismo como el Hijo eterno de Dios, ni tampoco lo hicieron los cristianos primitivos. Además, Küng argumenta que los dogmas antiguos estaban en error porque se apoyaban en dos conceptos griegos del hombre y la naturaleza que hoy son obsoletos».[19]

Resumiendo, Hans Küng entiende que en esta era de secularismo la cuestión de la deidad de Cristo es irrelevante. El estudio de la cristología debe concentrarse en Jesús el hombre, representante de Dios ante los hombres. Küng pretende elaborar una cristología inductiva, pero se aleja de la única fuente fidedigna que puede proporcionar una inducción adecuada, es decir, la Sagrada Escritura.

Un trabajo sobre cristología que se ha popularizado, particularmente en la América hispana, es la del sacerdote Jon Sobrino.[20] Su obra titulada *Cristología desde América Latina* es una apología de la llamada «teología de la liberación». Sobrino pretende hacer lo que sus colegas «socioteólogos» no han hecho aún, es decir, una sistematización de la cristología.[21]

Sobrino sigue de cerca el patrón trazado anteriormente por Oscar Cullmann, respecto al significado de los títulos que el Nuevo Testamento da a Cristo. En su concepto de la resurrección de Cristo,

---

18. Hans Küng, *op. cit.*, p. 494.
19. «Religion», *Time Magazine*, febrero 27, 1978, p. 36.
20. Jon Sobrino es de origen vasco, estudió en Alemania y ha sido profesor en la Universidad José Simeón Cañas en la República de El Salvador.
21. Jon Sobrino, *Cristología desde América Latina*.

Sobrino sigue a Moltmann y a Küng.[22] Tal vez lo más significativo de la postura de Sobrino sea su concepto de la relación entre Jesús y el Padre. Sobrino sostiene una postura evolucionista, expresando que Jesús gradualmente se moldeó o constituyó en Hijo de Dios. Jesús, según Sobrino, progresivamente tomó conciencia de quién era como persona.[23] Además, afirma que «el hijo es la aparición histórica del Padre, o más matizadamente, la aparición de cómo se corresponde al Padre».[24] Jesús no es Dios, sino «el camino al Padre».[25] Tan humano era Jesús que se equivocó respecto a la aparición inminente del reino de Dios.[26]

El acercamiento de Jon Sobrino a la cristología es desde una perspectiva sociopolítica. Sobrino impone sobre el texto bíblico, cuando lo usa, ideas que están totalmente fuera de contexto y de la intención del autor original. De modo que las conclusiones de Sobrino no proceden de las Escrituras, sino que son impuestas al texto.

No han sido pocos los que en años recientes se han adentrado en el campo de la cristología. De la pluma del alemán Wolfhart Pannenberg han salido dos obras disponibles en castellano. En la primera de ellas, *Fundamentos de cristología*, Pannenberg sigue la hermenéutica establecida por la escuela crítica, que no concede autoridad final al testimonio del Nuevo Testamento.[27] Pannenberg rechaza también el punto de partida de una cristología «desde arriba», es decir, reconociendo la deidad de Jesús.[28] Según él, eso significa presuponer la divinidad de Jesús.[29] Algo que Pannenberg no prefiere hacer.

En su otra obra, *La fe de los apóstoles*, Pannenberg se refiere varias

22. *Ibíd.*, pp. 153-233.
23. *Ibíd.*, pp. 59-66.
24. *Ibíd.*, p. 231.
25. *Ibíd.*, p. 53.
26. *Ibíd.*, pp. 50-51.
27. Véase Wolfhart Pannenberg, *Fundamentos de cristología*.
28. *Ibíd.*, pp. 44-45.
29. *Ibíd.* Pannenberg prefiere referirse a la «divinidad» de Jesús y no a su deidad.

veces a la filiación divina de Jesús y sostiene que el título «hijo de Dios» dado a Jesús es «una interpretación de la manifestación humana de Jesús».[30] Considera que el nacimiento virginal de Jesús es una leyenda diseñada para elaborar una tradición respecto a Cristo.[31] El título «hijo de Dios» no designaba a Jesús como un ser divino y sobrenatural.[32] Solo designaba la función de Jesús, no su naturaleza. La designación de Jesús como «hijo de Dios», según Pannenberg, procede de la cultura helénica. Es de ese trasfondo helénico de donde surge la idea de «un ser sobrenatural divino, que se ha manifestado en el hombre Jesús, pero que es distinto de Él»[33] y al que hay que llamar «hijo de Dios». Es evidente que, con otros teólogos, Pannenberg sigue la línea de pensamiento que sostiene que los Evangelios fueron escritos para adaptar el mensaje a una situación existente.

El rechazar la deidad de Cristo se ha convertido en una especie de norma tanto en teólogos católicos como protestantes. El sacerdote católico francés, Michel Pinchon, editor de la revista *Jesús*, confiesa haberse liberado de la «idolatría» de Jesús y niega a Cristo al presentarse como absoluto.[34] El español José Ramón Guerrero, en su libro *El otro Jesús*, sigue un concepto adopcionista de la persona de Cristo.[35] El también jesuita español, José Ignacio González Faus, afirma que, durante su vida en la tierra, Jesús no tenía conciencia de ser Dios.[36]

No es sorpresa ya entre teólogos protestantes pronunciarse en contra de la fe tradicional respecto a la deidad de Cristo. Un profesor bautista, el doctor Robert E. Alley, director del departamento de religión de la Universidad de Richmond, hizo la siguiente declaración:

---

30. Wolfhart Pannenberg, *La fe de los apóstoles*, pp. 77-87.
31. *Ibíd.*, p. 79.
32. *Ibíd.*, p. 80.
33. *Ibíd.*
34. «New Debate over Jesus' Divinity», *Time Magazine*, febrero 27, 1978, p. 37.
35. *Ibíd.*
36. *Ibíd.*

> Veo a Jesús realmente como un judío. No me imagino por un momento que haya tenido la osadía de autoproclamarse Dios.[37]

Otro caso notorio en años recientes es el de John Hick, inglés, miembro proveniente de la Iglesia Reformada Unida. En el año 1977, Hick editó un libro titulado *The Myth of God Incarnate* (*El mito de Dios encarnado*). En ese libro, siete teólogos ingleses, la mayoría pertenecientes a la Iglesia Anglicana, expresan sin rodeos su creencia de que Jesús era humano y no divino.[38] En esencia, John Hick y sus colegas afirman que Dios no vino al mundo en la persona de Cristo.[39] Cualquier cosa que se diga de Cristo, según los mencionados teólogos, es aceptable, siempre y cuando no se diga que es Dios. Según ellos, la creencia de la encarnación de Dios en Cristo es un mito al estilo del mundo antiguo.

Debe subrayarse una vez más que la cuestión central de la discusión cristológica sigue siendo la doctrina o concepto de las Escrituras sostenido por el teólogo.[40] Los autores de la obra *El mito de Dios encarnado* niegan rotundamente la autoridad de la Palabra de Dios. Para ellos, la Biblia pertenece al género de la fantasía y de la especulación.

Una tendencia bastante generalizada en los últimos años es la de querer presentar a Jesús de modo que su persona sea aceptable al hombre moderno. Se dice que el paladar intelectual del hombre moderno no tolera los sabores de ciertos conceptos anticuados. De modo que hay que actualizar esos conceptos. Tal deducción sería aceptable si se mantuviese en línea con las verdades de la Biblia, pero ese no ha sido el caso. Hombres como el sacerdote holandés Edward

37. Russell T. Hitt, «Identity Crisis: «Who are men saying I am»?», *Eternity*, diciembre, 1980, p. 21.

38. Véase *Christianity Today,* 21:24:30, 32; 23 septiembre, 1977.

39. Jim Packer, «The Vital Question», p. 84.

40. Klaas Runia, «A "New" Christology Challenges the Church», *Christianity Today*, enero 4, 1974, p. 7.

Schillebeeckx,[41] en su esfuerzo por aclarar el significado de la persona de Jesús, terminan negando la verdad fundamental respecto a Cristo, es decir, que es Dios manifestado en carne. Schillebeeckx considera que Jesús era el profeta escatológico, pero no necesariamente Dios.[42] Según el teólogo holandés y otros de la misma escuela, Jesús era un ser humano que gradualmente se acercó a Dios en una especie de nexo inviolable.[43] Dicen que lo importante no es saber algo respecto a su naturaleza, sino conocer su obra, como si estas dos cosas pudiesen separarse con facilidad.

Muchos otros ejemplos podrían mencionarse para documentar lo que está ocurriendo en el escenario teológico respecto a la doctrina de la persona de Cristo. Se espera que lo dicho hasta aquí sirva de orientación y estímulo al estudiante de la Biblia para investigar más profundamente este tema. Es necesario, sin embargo, hacer hincapié en el hecho de que el estudio de la cristología no puede ni debe hacerse aisladamente. Como las demás doctrinas de la fe cristiana, la cristología tiene que fundarse sobre el testimonio de las Escrituras. Debe recordarse, además, que existe una relación muy estrecha entre las doctrinas de la fe cristiana. Lo que afecta a una, generalmente afecta a las demás. Poner en tela de juicio la doctrina de la deidad de Cristo es el resultado directo de un concepto pobre de las Escrituras. Negar la deidad de Cristo equivale a negar la doctrina de la Trinidad, la base fundamental de la iglesia cristiana. El resultado inevitable de negar la autoridad de la Biblia y la deidad de Cristo es un concepto humanista-antropológico de la doctrina de la salvación y sus áreas concomitantes (muerte expiatoria de Cristo, resurrección, perdón de pecado).

El humanismo racionalista ha arremetido con fuerza descomunal contra la totalidad de las doctrinas cristianas, no solo contra la

---

41. Edward Schillebeeckx ha escrito una obra masiva titulada, *Jesus: An Experiment in Christology*. Dicho libro ha provocado una reacción en contra de su autor en círculos católicos, hasta el punto de ser llamado a juicio por la jerarquía católica.

42. *Ibíd.*, p. 245.

43. *Ibíd.*, p. 641.

deidad de Cristo. El cristianismo ortodoxo no ha negado jamás la humanidad de Jesús, pero no ha dejado de afirmar su deidad. La realidad bíblica es que, si Cristo no es Dios, no puede ser el Salvador del pecador y, si no se hubiese encarnado (hecho hombre), no habría podido proveer el sacrificio necesario para la redención. Jesús no fue un hombre con algo especial añadido (por muy especial que ese algo fuese). Jesús es Dios, quien tomó para sí naturaleza humana, es decir, «se hizo el sujeto de toda esa conciencia física y psicológica que distintivamente constituye la experiencia humana».[44] La persona que desea ser fiel a la Biblia no tiene otra alternativa que la de afirmar tanto la absoluta deidad como la perfecta humanidad de Cristo.

Lo dicho anteriormente se relaciona con la fe. Debe añadirse, sin embargo, algo relacionado con la filosofía o metodología. La crítica liberal dice que es imposible conocer al Jesús histórico a través de los Evangelios y las epístolas. Según ellos, el Nuevo Testamento refleja la interpretación de la iglesia primitiva respecto a Jesús. La opinión de la crítica es que, primero, debe conocerse cómo era la iglesia primitiva, su situación, sus prácticas, su cultura. Solo entonces se podría llegar a conocer la verdad respecto a Cristo. Sin embargo, lo cierto es que la misma crítica afirma que no es posible conocer a ciencia cierta cómo era la iglesia primitiva.[45] De modo que la cuestión se reduce a un argumento circular: No se puede conocer al Jesús histórico mediante los Evangelios, sino a través de la iglesia primitiva.

Finalmente, se ha pretendido establecer una dicotomía entre el judaísmo palestino y el judaísmo helenístico para de ahí saltar a la conclusión de la supuesta existencia de un cristianismo judeo-palestino y otro judeo-helenístico.[46] Sobre la base de esas conjeturas, se ha querido establecer el desarrollo de algunas doctrinas, particularmente la relacionada con la persona de Cristo. Algunos han afirmado que Pablo obtuvo su conocimiento del cristianismo a través

---

44. Jim Packer, «The Vital Question», p. 85.
45. Howard Marshall, *op. cit.*, pp. 32-33.
46. *Ibíd.*, pp. 33-41.

de judíos helenistas y no de la iglesia en Jerusalén. De modo que, según esa opinión, la teología de Pablo refleja el pensamiento griego, no el judío. Todas esas conjeturas, sin embargo, tienden a apartar la discusión de su contexto. Lo cierto es que los escritores del Nuevo Testamento, todos ellos, presentan una cristología coherente que expresa sin rodeos que Jesús es Dios manifestado en la carne, Dios absoluto y verdadero hombre sin pecado.

El Seminario de Jesús

Este movimiento surgió en el año 1985. Los fundadores fueron John Dominic Crossan y Robert Walter Funk. El movimiento estaba formado por unas 200 personas. Los dirigentes del Seminario de Jesús no estaban vinculados con ninguna denominación.

Este movimiento niega los fundamentos de la fe cristiana. Jesús no sufrió una muerte expiatoria, sino que fue crucificado por revelarse contra el Imperio romano. No murió por proclamarse Hijo de Dios. Los teólogos de este movimiento niegan la resurrección de Cristo, considerándola una ficción.

Resumiendo, el «Seminario de Jesús» es un movimiento hereje y racionalista producto de la «Alta crítica». Niega la historicidad de los Evangelios, la muerte expiatoria de Cristo, la resurrección de Cristo y su segunda venida en gloria. El llamado Seminario de Jesús de manera subjetiva determina cuánto del Nuevo Testamento contiene lo que Jesús dijo. Según ellos, hay mucho en el Nuevo Testamento que Jesús no dijo. Debe decirse que este movimiento ha perdido mucha fuerza e interés en los últimos años. Una de sus obras más importantes es *The Five Gospels: The Search for the Authentic Words of Jesus* (*Los cinco evangelios: La búsqueda de las palabras auténticas de Jesús*). El «Seminario de Jesús» incluye varios evangelios apócrifos en su bibliografía y les otorga la misma autoridad que a los Evangelios canónicos.

6

Evidencias bíblicas respecto a la deidad de Cristo

El volumen de investigación bíblica producido durante los últimos cien años ha sido en gran manera sorprendente. Casi todas las áreas de la teología cristiana se han visto afectadas de algún modo por los nuevos enfoques que se ha dado al estudio de las Escrituras. No puede negarse que el beneficio recibido, en muchos casos, ha sido grande. Debe admitirse, sin embargo, que en muchos otros casos la fe cristiana ha sufrido rudos ataques de parte de algunos que en nombre de una supuesta erudición han pretendido negar los principios vitales del cristianismo.

Una de las doctrinas cristianas que más ha sufrido en los últimos años es la relacionada con la persona de Cristo. El debate contemporáneo se ha concentrado en la negación rotunda de la deidad de Cristo.[1] Tal negación ha sido acompañada de un escepticismo hacia las Escrituras.[2] Es natural que ambas actitudes marchen juntas. No

1. Una evidencia de esa actitud se refleja en la obra editada por el inglés John Hick, conjuntamente con seis teólogos más. En esta obra, titulada *The Myth of God Incarnate (El mito del Dios encarnado)*, los autores abiertamente niegan la deidad de Cristo. Es más, Hick y sus colegas, como el título de su obra lo indica, consideran que la enseñanza de la encarnación es totalmente mitológica.

2. El profesor Klaas Runia, del Seminario de las Iglesias Reformadas de Holanda, ha señalado la correlación entre la nueva cristología y la bibliología. Runia afirma: «El corazón del asunto es que los que abogan a favor de esa nueva cristología sostienen un punto de vista diferente respecto a las Escrituras». Véase Klaas Runia, «A "New" Christology Challenges the Church», *Christianity Today*, enero 4, 1974, pp. 4-8.

se puede creer en la deidad de Cristo sin creer en el testimonio de las Escrituras. Los que niegan la deidad de Jesús rehúsan aceptar la validez del testimonio del Nuevo Testamento.[3] Afirman que los escritores del Nuevo Testamento escribieron bajo la influencia del medio cultural en el que vivieron. Algunos opinan que los títulos usados con referencia a Cristo, tales como «Hijo de Dios» e «Hijo del Hombre», son de origen helenístico y tuvieron su origen en la iglesia primitiva, no en las enseñanzas dadas por el mismo Jesús.[4]

Muchos estudiosos de la Biblia, sin embargo, reconocen la centralidad de la doctrina de la deidad de Cristo.[5] Reconocen, además, que dicha doctrina constituye la piedra angular de la fe cristiana. Esa convicción se deriva del estudio de las Escrituras y de la confianza de que lo que la Biblia dice acerca de Cristo es realidad histórica y no meras elucubraciones de hombres piadosos. En resumen, nadie puede negar la deidad de Cristo sin antes haber negado la autoridad de la Palabra de Dios.[6] Existe una relación estrecha entre lo que se

---

3. Esa es la actitud que ha prevalecido desde que D. F. Strauss escribió su obra *Das Leben Jesu (La vida de Jesús)* entre los años 1835–1836. La obra de Rudolf Bultmann (*Jesus and the Word; Christ and Mythology* y los dos tomos de *Theology of the New Testament*) durante la primera mitad del siglo xx ha sido usada por muchos para desacreditar el testimonio del Nuevo Testamento.

4. Véanse los artículos de Walter L. Liefeld, «The Hellenistic "Divine Man" and the Figure of Jesus in the Gospels», *The Journal of the Evangelical Society*, otoño 1973, pp. 195-205; y John Bowker, «The Son of Man», *Journal of Theological Studies*, abril, 1977, pp. 19-48. Otro trabajo que debe leerse es el de Evaristo Pinto, sacerdote de la Archidiócesis de Karachi, Pakistán, titulado «Jesus as the Son of God in the Gospels», *Biblical Theological Bulletin*, otoño 1974, pp. 75-93.

5. Véase S. Lewis Johnson, «The Jesus that Paul Preached», *Bibliotheca Sacra*, abril, 1971, pp. 120-134; Carl E. Braaten, «Who do we say that He is?: On the Uniqueness and Universality of Jesus Christ», *Occasional Bulletin*, enero, 1980, pp. 2-7; Jim Packer, «The Vital Question», *Themelios*, abril, 1979, pp. 84-87.

6. John A. Witmer, bibliotecario del Seminario Teológico de Dallas, en un artículo titulado «Did Jesus Claim to be God?» («¿Afirmó Jesús que era Dios?») señala lo siguiente: «Los liberales rechazan la inspiración plenaria y verbal de las Escrituras y el concepto ortodoxo de la dualidad de autor. Aunque pueden tener algún concepto de la inspiración divina, para los liberales las Escrituras son básicamente escritos humanos que se desarrollaron a lo largo del tiempo hasta llegar a su forma presente. Como resultado, las Escrituras reflejan las creencias religiosas de aquellos que trans-

cree respecto a las Escrituras y la doctrina de la persona de Cristo. Lo que ha de expresarse en este capítulo está basado sobre la autoridad de la Biblia. Sin el testimonio de las Escrituras muy poco se sabría de Cristo. Los documentos del Nuevo Testamento permanecen como testimonio confiable a pesar de todos los ataques que la crítica ha fabricado. De modo que, en el último análisis, la respuesta a la pregunta ¿quién es Jesucristo? sigue dependiendo del testimonio de la Biblia.

La Biblia presenta a Jesucristo como el Hijo de Dios

Algunos escritores no tienen ninguna dificultad en reconocer que el Nuevo Testamento se refiere a Cristo con frecuencia como el Hijo de Dios.[7] Sin embargo, lo que muchos no reconocen es la fuerza con que la expresión «Hijo de Dios» es usada con referencia a Cristo.[8]

El testimonio de las Escrituras respecto al uso de la expresión «Hijo de Dios» con referencia a Jesús no puede ser más claro (véanse Mt. 16:15-17; 26:62-65). En la ocasión del bautismo del Señor, según el relato de Mateo, «...he aquí que los cielos le fueron abiertos, y vio al Espíritu de Dios que descendía como paloma y venía sobre él. Y hubo una voz de los cielos, que decía: Este es mi Hijo amado, en quien tengo complacencia» (Mt. 3:16-17). Indudablemente, la voz que fue escuchada por el Bautista fue la del Padre celestial, que se refiere a Jesús llamándolo «mi Hijo amado». La misma expresión ocurre en Mateo 17:5, cuando en el monte de la Transfiguración el

---

mitieron las historias oralmente a los que las escribieron, entremezclándolas con hechos históricos». Véase *Bibliotheca Sacra*, abril, 1968, p. 150.

7. Véase la obra de Hans Küng, *Ser cristiano*.

8. Esa es precisamente la crítica hecha a Hans Küng por Battista Mondin: «De modo que en la cristología de Küng, Jesús no puede ser ni Dios ni el representante de Dios, sino exclusivamente un hombre. ¿Cómo se explica entonces el origen de la cristología? ¿Qué motivo es tan urgente y necesario para confiarse uno mismo enteramente a Cristo si se desea ser salvo?». Lo que Mondin quiere decir sencillamente es que si Jesús no es Dios, no puede salvar a nadie. Véase «The Christological Experiment of Hans Kung», *Biblical Theological Bulletin*, abril, 1977, p. 88.

Padre habla de nuevo para decir: «Este es mi Hijo amado, en quien tengo complacencia; a él oíd».

Es evidente que la expresión «mi Hijo amado», usada en Mateo 3:17 y 17:5, guarda una relación muy estrecha con Salmos 2:7, donde dice: «Yo publicaré el decreto; Jehová me ha dicho: Mi hijo eres tú; Yo te engendré hoy». La referencia a Jesús en Salmos 2:7 es confirmada por los escritores del Nuevo Testamento (véanse Hch. 13:33 y He. 1:5). El énfasis en dicha expresión tiene que ver con la relación especial entre Jesús y el Padre,[9] y más concretamente con la resurrección de Jesús, algo que es una demostración de su deidad.

No solo el Padre celestial reconoce a Jesús como «mi Hijo amado», sino que el mismo Satanás es consciente de esa relación. En Mateo 4:3, 6, el tentador dice a Jesús: «Si eres Hijo de Dios» (*ei huiós ei toû theoû*). Dicha expresión es una condicional simple, con la que se reconoce la realidad de lo que se dice. De modo que Satanás reconoce el hecho de que Jesús es el Hijo de Dios. Tal vez una mejor manera de expresar el sentido de la frase sería «ya que eres Hijo de Dios». Satanás es consciente de que Jesús sostiene una relación especial con el Padre celestial, que lo hace reconocerlo como Hijo de Dios.

Teólogos de tendencia liberal sostienen que Jesús nunca se refirió a sí mismo como el Hijo de Dios, ni que tal concepto figuró en proclamación pública del Señor.[10] Los eruditos contemporáneos, siguiendo a Rudolf Bultmann, afirman que la expresión «Hijo de Dios» usada con referencia a Cristo entró a formar parte del vocabulario cristiano en etapas. Primero, fue usada por la comunidad palestinense, que a su vez la había copiado de la tradición judía. Luego pasó a formar

---

9. Véase Donald Guthrie, *New Testament Theology*, pp. 319-320. G. E. Ladd expresa que «Jesús es el Hijo de Dios porque es Dios y participa de la naturaleza divina», véase *A Theology of the New Testament*, p. 161.

10. Véase Geza Vermes, *Jesus the Jew: A Historian Reading of the Gospels*, pp. 192-222. Véase también J. Howard Marshall, *The Origins of New Testament Christology*, pp. 111-125.

parte de la predicación de la iglesia gentil helenística, que usa dicha expresión para referirse a la naturaleza de Cristo, de la misma manera que la mitología griega concebía a sus titanes como seres mitad divinos y mitad humanos. Sin embargo, un examen de las Escrituras no muestra ninguna clase de apoyo para tal concepto. Por el contrario, el Nuevo Testamento enseña que Jesús era consciente de su relación con el Padre celestial como Hijo de Dios.

La enseñanza incontrovertible del Nuevo Testamento es que el uso de la expresión «Hijo de Dios» con referencia a Jesús es un título de su deidad. Jesús reconoció dicho título y lo aceptó como algo propio, perteneciente a su persona. Un ejemplo de esa aceptación se evidencia en la confesión hecha por Pedro, en Cesarea de Filipo. La pregunta de Jesús a los discípulos fue: «¿Quién dicen los hombres que es el Hijo del Hombre?» (Mt. 16:13). Después que Pedro expresó las opiniones de los hombres, Jesús preguntó: «Y vosotros, ¿quién decís que soy yo?» (Mt. 16:15). Pedro respondió a Jesús: «Tú eres el Cristo [el Mesías], el Hijo del Dios viviente» (Mt. 16:16). A raíz de esa confesión, Jesús dice a Pedro: «Bienaventurado eres, Simón, hijo de Jonás, porque no te lo reveló carne ni sangre, sino mi Padre que está en los cielos» (Mt. 16:17). Una lectura imparcial y sin prejuicios del referido pasaje no deja lugar a dudas de que Jesús sí reconoció y aceptó su posición como Hijo de Dios (Mt. 26:61-67). Jesús, además, declaró que el conocimiento de su relación con el Padre era algo que podía ser comprendido por los hombres únicamente por revelación divina.

El apóstol Juan expresa que su propósito en escribir el Evangelio que lleva su nombre es «...para que creáis que Jesús es el Cristo, el Hijo de Dios, y para que creyendo, tengáis vida en su nombre» (Jn. 20:31). Las palabras del apóstol Juan tienen un alcance teológico profundo. Jesús es el Mesías, es decir, el Ungido de Dios, pero es también el Hijo de Dios y el Salvador. En otro pasaje del mismo Evangelio, Juan se refiere a Jesús como el Hijo Unigénito de Dios (Jn. 3:16). La palabra *unigénito* (*monogene*) significa, literalmente, «único en su clase y diferente a toda cosa creada».[11] Jesús es Hijo de Dios en un sentido en que ningún otro ser puede serlo. Cristo, como Hijo de Dios, es de la misma sustancia que el Padre e igual al Padre en poder y gloria.[12]

Un escritor ha expresado lo siguiente:

> Cuando un pecador cree, es engendrado de Dios, ese nacimiento tiene lugar. Pero el nacimiento de Cristo como Hijo de Dios nunca tuvo lugar. Es una realidad eterna. Cuando un pecador nace de nuevo se convierte en un hijo de Dios. Pero el Señor Jesús nunca comenzó a convertirse en Hijo de Dios. Siempre lo fue. Debido a que el carácter único de su nacimiento incluye su relación eterna como Hijo con el Padre, Juan argumenta que Él, debido a la eternidad de su existencia, tiene que ser Dios.[13]

La relación de Jesús con el Padre como *Hijo Único* no tuvo comienzo, sino que es una relación eterna. En su oración sumosacerdotal, Jesús dijo: «Ahora pues, Padre, glorifícame tú al lado tuyo, con aquella gloria que tuve contigo antes que el mundo fuese» (Jn. 17:5). De modo que Jesús confiesa haber tenido una íntima relación con el Padre, hasta el punto de compartir su gloria, aun antes de la creación del universo.

Es evidente que los judíos contemporáneos de Jesús entendieron a cabalidad el significado de la expresión «Hijo de Dios», usada con referencia a Cristo. Por ejemplo, después de haber sanado a un hombre que hacía treinta y ocho años que estaba enfermo (Jn. 5:5), los judíos procuraban matar a Jesús. La razón principal de tal actitud,

---

11. William F. Arndt y F. Wilbur Gingrich, *A Greek-English Lexicon of the New Testament*, p. 529.

12. Véase Kenneth S. Wuest, «The Deity of Jesus in the Greek Texts of John and Paul», *Bibliotheca Sacra*, julio, 1962, pp. 219-220.

13. *Ibíd.*, pp. 225-226.

en principio, era porque el Señor había realizado la obra de sanidad en el día de reposo. Jesús se dirigió a sus compatriotas, diciéndoles: «Mi Padre hasta ahora trabaja, y yo trabajo» (Jn. 5:17). Después de haber hecho tal declaración los judíos se enfurecieron contra Jesús aún más, y Juan, el evangelista, añade: «Por esto los judíos aún más procuraban matarle, porque no sólo quebrantaba el día de reposo, sino que también decía que Dios era su propio Padre, haciéndose igual a Dios» (Jn. 5:18). Es decir, los judíos se ofendieron porque Jesús se refirió a Dios llamándolo «mi Padre». Los judíos entendieron correctamente que al llamar a Dios «mi Padre», Jesús estaba haciéndose igual a Dios.

Jesucristo y la Trinidad

Todo aquel que ha leído la Biblia sabe que el vocablo *Trinidad* no aparece en el texto bíblico, ni en el Antiguo ni en el Nuevo Testamente. Sin embargo, aunque el mencionado vocablo no se encuentra en el canon, la doctrina de la Trinidad es enseñada en numerosos pasajes, particularmente en el Nuevo Testamento.

Debe afirmarse enfáticamente que la Biblia enseña la unidad de Dios. Hay un solo y único Dios vivo y verdadero. Todos los demás son dioses falsos, ídolos vacíos producto de la mente y la creencia del paganismo. Por esa causa, el Antiguo Testamento enfatiza la unidad de Dios. Deuteronomio 6:4 dice: «Oye Israel, el Señor nuestro Dios, el Señor uno es». ¡Dios repudia la idolatría!

Sin embargo, la revelación progresiva de Dios enseña claramente que en la eterna Deidad hay *tres personas*, es decir, Dios es una *Triunidad*. Dios es uno en esencia o sustancia. Él es una sola y única realidad eterna, pero ha existido, existe y existirá por la eternidad, Padre, Hijo y Espíritu Santo. Dios es *uno* en esencia o sustancia, pero es *tres* en personas. No es lo mismo *esencia* que *persona*.

Hay varios pasajes en el Nuevo Testamento que enseñan la realidad de la Trinidad. En Mateo 3:1-17 se registra el bautismo de Jesús. El pasaje concluye así:

> «Y Jesús, después que fue bautizado, subió luego del agua; y he aquí los cielos le fueron abiertos, y vio al Espíritu de Dios que descendía como paloma, y venía sobre él. Y hubo una voz de los cielos, que decía: Este es mi Hijo amado, en quien tengo complacencia» (Mt. 3:16-17).

Los que iban a Juan para ser bautizados confesaban sus pecados porque reconocían que eran pecadores. Jesús, por el contrario, no tenía pecados que confesar. Como expresa el teólogo bautista, Millard J. Erickson:

> «[Jesús] mismo nunca dio ningún indicio de que necesitaba arrepentirse (Mt. 4:17, Mr. 1:14-15). Aunque el bautismo de Juan era para arrepentimiento, Jesús jamás ofreció indicación alguna de arrepentimiento cuando fue bautizado por Juan, sin embargo identificó aquel acontecimiento con la necesidad de cumplir toda justicia» (Mt. 3:13-17).[14]

La voz del Padre eterno fue escuchada, hablando desde el cielo y confirmando su identidad con el Hijo eterno. Mateo 3:13-17 registra de manera clara la presencia de las tres personas de la Deidad.

También el apóstol Pablo escribió a los corintios: «La gracia del Señor Jesucristo, el amor de Dios, y la comunión del Espíritu Santo sean con todos vosotros. Amén» (2 Co. 13:14).

El apóstol Pablo coloca las tres personas de la Deidad al mismo nivel. En realidad, «la gracia», «el amor» y «la comunión» proceden de cada una de las personas y de las tres al mismo tiempo.

En un número extenso de pasajes del Nuevo Testamento, las personas del Padre y del Hijo aparecen en el mismo nivel: «Gracia y paz sean a vosotros de Dios nuestro Padre y del Señor Jesucristo» (Col. 1:2). «Porque habéis muerto, y vuestra vida está escondida

14. Millard J. Erickson, *op. cit.*, p. 22.

con Cristo en Dios» (Col. 3:3). «Gracia, misericordia y paz, de Dios nuestro Padre y de Cristo Jesús nuestro Señor» (1 Ti. 1:2). En Tito 1:3, Pablo dice que «Dios [es] nuestro Salvador» y en Tito 1:4, dice «Gracia, misericordia y paz, de Dios Padre y del Señor Jesucristo nuestro Salvador». De manera que el mismo título de «Salvador» es otorgado por el apóstol Pablo tanto a Dios Padre como a Dios Hijo. La salvación es en realidad la obra de las tres personas de la Trinidad (véase Ef. 1:3-14).

Resumiendo: es imperativo entender que la Trinidad significa que Dios es *uno* en esencia o sustancia y es *tres* en personas. Es cierto que en ningún sitio de la Biblia aparece una declaración semejante. Sin embargo, la Biblia enseña que hay tres personas que han existido eternamente. Esas personas poseen los mismos atributos, la misma gloria y son dignos de la misma adoración. Aunque la mente humana no es capaz de comprenderlo, la Biblia enseña que Dios es *uno* en cuanto a esencia, pero es *tres* en cuanto a *personas*: Padre, Hijo y Espíritu Santo son coiguales, consustanciales y coeternos. Así es Dios, aunque esa verdad sea incomprensible para el hombre.

El testimonio incontrovertible del Nuevo Testamento es que los israelitas entendieron las implicaciones de la afirmación de Cristo al llamarse «Hijo de Dios». En el mismo Evangelio según san Juan, se relata otro enfrentamiento entre Jesús y los judíos. En esta ocasión Cristo afirma: «Yo y el Padre uno somos» (Jn. 10:30). De nuevo los judíos se preparan para apedrear a Jesús. El Señor pregunta a los judíos: «¿Por cuál de ellas [las obras] me apedreáis?». Ellos respondieron: «Por buena obra no te apedreamos, sino por la blasfemia; porque tú, siendo hombre, te haces Dios» (Jn. 10:33). Es patente, por lo tanto, que los contemporáneos de Jesús entendieron varias cosas que los teólogos modernos parecen no comprender: 1) Jesús sí se refirió a sí mismo como el Hijo de Dios; 2) los judíos comprendieron las implicaciones de la declaración de Jesús y lo acusaron de blasfemia; y 3) la expresión «Hijo de Dios» usada con referencia a Cristo es un título que implica absoluta deidad. Tanto Jesús como sus discípulos y los judíos que oyeron esa expresión entendieron claramente que la frase *Hijo de Dios* atribuida a Cristo es equivalente a ser Dios. El uso de los sustantivos «Padre» e «Hijo» tiene que ver con una relación *trinitaria*. «Dios Padre» es Padre trinitario y «Dios Hijo» es Hijo trinitario.

El apóstol Pablo, en su epístola a los romanos, presenta a Cristo como el Hijo de Dios, enfatizando la relación especial de Jesús con el Padre. He aquí las palabras del apóstol:

> Pablo, siervo de Jesucristo, llamado a ser apóstol, apartado para el evangelio de Dios, que él había prometido antes por sus profetas en las santas Escrituras, acerca de su Hijo, nuestro Señor Jesucristo, que era del linaje de David según la carne, que fue declarado Hijo de Dios con poder, según el Espíritu de santidad, por la resurrección de entre los muertos (Ro. 1:1-4).

En este pasaje, Pablo presenta a Jesucristo como una persona teantrópica. Es decir, como Dios que ha tomado naturaleza humana. El evangelio, las buenas nuevas de salvación, es acerca del Hijo de Dios (persona divina) quien era del linaje de David según la carne (naturaleza humana). Además, dice Pablo, Jesús fue declarado Hijo de Dios con poder. Debe notarse que en cuanto a la carne, es decir, a su naturaleza humana, Jesús «vino a ser» (*genoménou*) o «nació» de la simiente de David (*êk spérmatos Davíd*). Así explica Pablo el origen de la humanidad de Jesús. Sin embargo, en lo que concierne a su origen divino, Pablo dice que Jesús fue «declarado», «definido» o «designado» (*horisthéntos*) Hijo de Dios. Nótese que Jesús no fue *hecho* Hijo de Dios a causa de la resurrección, sino que fue *declarado* Hijo de Dios. Es decir, que la resurrección de Cristo es una poderosa confirmación de su carácter como Hijo de Dios. En resumen, el argumento del apóstol Pablo no es que Jesús se convirtió en «Hijo de Dios» al resucitar de entre los muertos, sino que la resurrección de Cristo es una verificación y una manifestación de su deidad. La resurrección de Jesucristo es la confirmación de que Él es todo lo que dijo ser.

Los teólogos de la escuela liberal, al rechazar de antemano el testimonio de las Escrituras, concluyen que Jesús nunca tuvo conciencia de que era el Hijo de Dios.[15] Según ellos, la iglesia primitiva engendró la tradición que aparece en las Escrituras del Nuevo Testamento. Dicen, además, que dicha tradición incorporó ciertas creencias de la mitología griega tal como la del *theios aner* u «hombre divino».[16] De modo que, según estos teólogos, el título «Hijo de Dios» dado a Cristo en el Nuevo Testamento tiene raíces paganas y fue incorporado en el vocabulario de la Iglesia con el fin de explicar a la sociedad de aquellos tiempos el mensaje respecto a Jesús.[17]

Por supuesto que para llegar a esa conclusión, los teólogos de la escuela liberal se ven obligados a despreciar el testimonio del Nuevo Testamento, particularmente el de los Evangelios. Por ejemplo, Lucas 1:32 dice que Jesús sería «llamado Hijo del Altísimo»; en Lucas 2:49, Jesús, respondiendo a una pregunta de María, dice: «¿No sabíais que en los negocios de mi Padre me es necesario estar?». Como se ha mencionado dos veces ya, el Padre celestial (Mt. 3:17; 17:5) se refiere a Cristo como «mi Hijo amado». Jesús se refiere a una relación íntima entre Él y el Padre, cuando dice en Mateo 11:27: «Todas las cosas me fueron entregadas por mi Padre; y nadie conoce al Hijo, sino el Padre, ni al Padre conoce alguno, sino el Hijo, y aquel a quien el Hijo lo quiera revelar». Un escritor católico ha captado bien el concepto neotestamentario de «Hijo de Dios» con referencia a Cristo:

> Los evangelistas, escribiendo en el período posterior a la resurrección, tenían en mente el concepto de Hijo divino en el sentido estricto. Que el título «Hijo de Dios» está abierto al significado de Hijo divino en el sentido trascendental se hace patente de la

15. Geza Vermes, *Jesus the Jew*, pp. 192-193.

16. I. Howard Marshall, *op. cit.*, p. 111.

17. *Ibíd.* Un punto de vista contrario al de la crítica liberal es resumido magistralmente por George E. Ladd en su excelente obra *A Theology of the New Testament*, pp. 246-251.

> manera en que Jesús no llama a Dios «nuestro Padre», sino «mi Padre». El concepto de la singularidad del Hijo es calificado a través de la idea de la relación de obediencia al Padre.[18]

Si se acepta el testimonio del Nuevo Testamento como una fiel expresión de la revelación de Dios y si se acepta que los evangelistas escribieron las palabras de Jesús tal como el Espíritu Santo les ayudaba a recordar (Jn. 14:26; 16:12-15), no puede soslayarse el hecho de que Jesús es «el Hijo de Dios» en una forma única y, como tal, es uno con el Padre en esencia, en atributos y en gloria.

La Biblia presenta a Cristo como el Hijo del Hombre

La expresión «el Hijo del Hombre» aparece unas 84 veces en los Evangelios, una vez en Hechos 7:56 y dos veces en Apocalipsis. Con la excepción de Juan 12:34, Hechos 7:56, y Apocalipsis 1:13 y 14:14, solo Jesús usa dicha frase, siempre con referencia a sí mismo y en tercera persona. Dicha frase ha sido considerada enigmática por muchos, tanto en su origen como en su significado, y ha sido objeto de mucha investigación.[19] Debido a que es una expresión rara en el idioma griego, muchos opinan, con razón, que la frase «el Hijo del Hombre» (*ho houios tou anthropou*) tiene sus raíces en la cultura semita.[20]

Algunos entienden que la expresión «el Hijo del Hombre» fue usada por Jesús como una especie de circunlocución para referirse a su propia persona.[21] Otros expertos, sin embargo, opinan que la mencionada frase es usada en los Evangelios como un título equivalente

18. Evaristo Pinto, «Jesus as Son of God in the Gospels», *Biblical Theological Bulletin*, otoño, 1974, p. 93.

19. Una bibliografía bastante completa respecto al título «El Hijo del Hombre» aparece en la obra de George Eldon Ladd, *A Theology of the New Testament*, pp. 145-158.

20. I. Howard Marshall, *op. cit.*, pp. 63-64.

21. Geza Vermes, *op. cit.*, pp. 63-64.

a *El Hombre* con mayúscula, refiriéndose, por lo tanto, a la figura apocalíptica de Daniel 7:13.[22]

En cuanto al origen, la expresión «el Hijo del Hombre» aparece en tres contextos de la literatura apocalíptica judaica: en el libro canónico de Daniel 7:13 y en la literatura pseudoepigráfica 4 Esdras 13 y 1 Enoc 37-71. Además, aparece en el libro de Ezequiel como una referencia al profeta. Sin embargo, se ha observado que las dos referencias en la literatura pseudoepigráfica se encuentran en libros generalmente reconocidos como posteriores al tiempo del ministerio terrenal de Cristo. De modo que no influyeron en forma alguna en el uso de la expresión «el Hijo del Hombre» en los Evangelios. El uso de la frase en el libro de Ezequiel es distinto al que aparece en el Nuevo Testamento. En el libro de Ezequiel, la expresión «hijo de hombre» apunta hacia la debilidad del profeta. Eso significa, por lo tanto, que el pasaje de Daniel 7:13 ofrece la mejor probabilidad de haber servido de trasfondo para el uso que Jesús hizo en los Evangelios de la frase «el Hijo del Hombre».[23]

Como es de esperarse, los teólogos de la escuela liberal no escatiman esfuerzo con tal de negar la autenticidad de la expresión «el Hijo del Hombre» y el significado de su uso. Para algunos, el uso de la mencionada expresión es totalmente obra de la iglesia primitiva, aunque admiten la posibilidad de que Jesús usase la frase en algunas de sus enseñanzas.[24] En años recientes, se ha sugerido que Jesús usó la frase «el Hijo del Hombre» como una referencia a otro personaje diferente de sí mismo que haría su aparición en un futuro, y ante

---

22. Véase I. Howard Marshal, *op. cit.*, p. 65.

23. Algunos teólogos radicales sostienen que todas las referencias donde aparece la frase «el Hijo del Hombre» eran desconocidas a Cristo. Es decir, Jesús nunca hizo uso de dicha expresión. Esa es la opinión de H. Conzelmann. Véase G. Vermes, *op. cit.*, p. 177.

24. Véanse George E. Ladd, *op. cit.*, p. 152, e I. Howard Marshall, *op. cit.*, p. 69. Marshall, en particular, hace referencia a P. Vielhauer y a N. Perrin, quienes sostienen que el uso de la frase «el Hijo del Hombre» fue una designación completamente fabricada por la iglesia primitiva.

quien los hombres tendrían que dar cuenta en el día del juicio.[25] Según este punto de vista, fue la iglesia primitiva la que posteriormente interpretó lo dicho por Jesús, concluyendo que Jesús era ese personaje que aparecería en los postreros días.[26] En fin, la crítica pretende, por un lado, negar que la expresión «el Hijo del Hombre» sea un título usado por Jesús para referirse a sí mismo como el personaje divino que aparece en Daniel 7:13. Por otro lado, insisten en que fue la iglesia primitiva la que inventó el uso de dicha frase como una interpretación posterior a las enseñanzas de Jesús.

Sin embargo, hay varias objeciones al punto de vista de la crítica liberal. Primeramente, si la expresión «el Hijo del Hombre» fue producto de la imaginación de la iglesia primitiva, ¿por qué es que solo aparece en labios de Jesús en los Evangelios? ¿Por qué es que dicha frase no aparece en las epístolas doctrinales? Si la mencionada frase fue inventada por la iglesia primitiva, lógicamente debió ser usada como una fórmula confesional y usada ampliamente a través de los libros del Nuevo Testamento. Sin embargo, lo cierto es que con la excepción de Hechos 7:56; Apocalipsis 1:13 y 14:14, la expresión no se usa con referencia a Cristo en el resto del Nuevo Testamento. No obstante, lo cierto es que con la excepción de Hechos 7:56, Apocalipsis 1:13 y 14:14, la expresión no se usa con referencia a Cristo en el resto del Nuevo Testamento.[27]

En segundo lugar, no existe ninguna evidencia de que Cristo hubiese enseñado que otro personaje distinto de Él vendría al final de los tiempos. Jesús habló de su segunda venida (Jn. 14:3). Los ángeles que hablaron a los apóstoles en Hechos 1, específicamente dijeron: «Este mismo Jesús, que ha sido tomado de vosotros al cielo, así vendrá como le habéis visto ir al cielo» (Hch. 1:11). Finalmente, debe notarse que la crítica se esfuerza en pasar por alto la importancia del pasaje de Daniel 7 y sus implicaciones mesiánicas. El personaje de Daniel

25. G. Vermes, *op. cit.*, pp. 162-178.

26. *Ibíd.*, p. 178.

27. Algunos opinan que Hebreos 2:6 es otra excepción.

7:13-14 que aparece junto al Anciano de días (figura del Padre), viene «con las nubes del cielo»; «le fue dado dominio, gloria y reino»; será servido por «todos los pueblos, naciones y lenguas»; «su dominio es dominio eterno, que nunca pasará, y su reino uno que no será destruido». «El Hijo del Hombre» es presentado aquí como alguien que tiene una autoridad que sobrepasa la de cualquier ser humano, rey o emperador. De modo que debe entenderse que una de las características que distingue al Hijo del Hombre es su autoridad sobrenatural.

Los usos de la expresión «el Hijo del Hombre» en los Evangelios sinópticos

La expresión «el Hijo del Hombre» ha sido clasificada en tres categorías distintas, según aparece en los Evangelios sinópticos:

1. Referencias relacionadas con las actividades del ministerio terrenal del Hijo del Hombre (Mr. 2:10, 28; Lc. 7:34; 9:58; 19:10).[28]
2. Referencias respecto a los sufrimientos, muerte y resurrección del Hijo del Hombre (Mr. 8:31; 10:45; 14:21, 41).
3. Referencias relacionadas con la venida futura, la exaltación y los juicios del Hijo del Hombre (Mt. 10:23; 19:28; Mr. 8:38; 13:26; 14:62; Lc. 12:8-12, 35-40; 17:22-30, 18:8).[29]

Aunque la referida clasificación no es del todo satisfactoria, ya que no toma en consideración todos los usos y las aplicaciones de la frase ni toma en cuenta el hecho de que algunos de los usos pertenecen a más de una clasificación, puede decirse que facilita en gran manera el estudio de la cuestión. Esta triple división o clasificación fue sugerida

---

28. Es importante destacar el uso de la frase "el Hijo del Hombre" en Lucas 19:10. Si vino a buscar y a salvar lo que se había perdido, evidentemente vino a realizar una obra que es exclusiva de Dios. «La salvación es de Jehová» (véanse Is. 45:2; Jon. 2:9; Hch. 4:12).

29. George E. Ladd, *op. cit.*, pp. 149-151.

primeramente por Rudolf Bultmann, aunque él solo reconocía como auténtica la tercera de las tres categorías.[30]

Algo que muchos teólogos desafortunadamente pasan por alto es el hecho de que en la gran mayoría de las citas en las que Jesús usa la expresión «el Hijo del Hombre» hay un marcado énfasis respecto a su autoridad, en relación con algo que lo identifica como un personaje sobrenatural. Por ejemplo, en Marcos 2, Jesús le dice a un paralítico: «Hijo, tus pecados te son perdonados» (2:5). Los escribas que estaban presentes acusan a Jesús de blasfemia y dicen: «¿Quién puede perdonar pecados, sino sólo Dios?» (2:7). A raíz de esa pregunta, Jesús hace la siguiente afirmación: «Pues para que sepáis que el Hijo del Hombre tiene potestad (*exousían*) en la tierra para perdonar pecados...» (2:10). La pregunta que se había suscitado giraba alrededor de la cuestión de si Jesús tenía la autoridad de ejercer una prerrogativa que solo corresponde a Dios, esto es, la autoridad para perdonar pecados. Jesús usa el título «el Hijo del Hombre» para afirmar que, como tal, Él posee dicha autoridad.[31]

Otro importante pasaje donde la autoridad de Jesús es cuestionada aparece en los tres Evangelios sinópticos (Mt. 12:1-8; Mr. 2:23-28; Lc. 6:1-5). Los fariseos acusan a los discípulos de Jesús de transgredir la ley del sábado, porque habían arrancado espigas para comer. En respuesta a los fariseos, el Señor apela primero al testimonio del Antiguo Testamento. David comió los panes de la proposición cuando tuvo hambre. Algo que solo era lícito a los sacerdotes. Los sacerdotes que servían en el templo tenían que realizar sus funciones sacerdotales en el día de reposo, algo que requería trabajo. De modo que aun la ley permitía la ejecución de ciertas labores en el sábado que eran consideradas lícitas (Nm. 28:9, 10).

El reconocido expositor Richard Lenski ha hecho el siguiente comentario respecto al pasaje de Mateo 12:1-8:

---

30. G. Vermes, *op. cit.*, pp. 177-178.

31. Véase la interpretación de Vermes en *ibíd.*, p. 180.

> En el versículo 3, el argumento es de mayor (el pan santo) a menor (las espigas). En el versículo 5 el argumento es de menor (el templo) a mayor (algo mayor que el templo). Ambos son del mismo modo incontestables. En el versículo 6, además, la completa autoridad divina de Jesús confronta a los engreídos fariseos. Aquel que es mayor que el tabernáculo y el templo está aquí, el único que tiene autoridad para juzgar lo que constituye una violación del sábado que es servido por el tabernáculo y el templo.[32]

Jesús impugna la actitud de los fariseos, usando un versículo del Antiguo Testamento (Os. 6:6) en el que Dios llama a Israel a abandonar la apostasía y a reconocer la soberanía de Jehová. Los fariseos habían corrompido la ley, incluyendo el significado del sábado. Jesús, como «el Hijo del Hombre», es Señor (*Kýrios*) del sábado. Él no vino para abrogar, sino para cumplir la ley (Mt. 5:17). Como Señor del sábado, Jesús cumple la ley y demanda que otros la cumplan. Los fariseos cuestionaban la autoridad de Jesús. El Señor les responde, diciéndoles que Él es mayor que el templo y mayor que el sábado, porque es «el Hijo del Hombre». Los fariseos acusaban a los discípulos de quebrantar el sábado. Jesús les responde, diciendo: ¿Quién mejor que el Hijo del Hombre, el Señor del sábado, puede juzgar si los discípulos han violado o no la ley del sábado? Una vez más debe notarse que Jesús habla de una autoridad que está por encima de la que un simple hombre podría ejercer.

Un aspecto de capital importancia relacionado con la expresión «el Hijo del Hombre» se relaciona con la humanidad de nuestro Señor. Fue como hombre que Cristo nació, vivió en esta tierra, murió, resucitó y fue exaltado a la diestra de Dios. No debe olvidarse en ningún momento que Jesús es verdadero hombre sin pecado. Ahora bien, debe observarse que Jesús es «el Hijo del Hombre» (*ho*

---

32. Richard C. H. Lenski, *The Interpretation of Saint Matthew's Gospel*, pp. 464-465.

huiós toû anthrópou). La repetición del artículo definido en el texto griego enfatiza la identidad del Señor. La referencia no es a «un hijo de hombre», es decir, a un ser humano cualquiera, sino a un ser particular quien es al mismo tiempo «el Hijo del Hombre» y «el Hijo del Dios viviente» (Mt. 16:13, 16).

El Mesías, como hijo de David, es miembro de la raza humana (Lc. 1:31-33) y, como tal, es también «el Hijo del Hombre». Como miembro de la raza humana, el Mesías es contemplado en su humillación y sus sufrimientos. Es en esa luz que Jesús habló de sí mismo, diciendo: «Las zorras tienen guaridas, y las aves del cielo nidos; mas el Hijo del Hombre no tiene dónde reclinar su cabeza» (Mt. 8:20). Fue desde esa misma perspectiva que Jesús les enseñó a sus discípulos que «el Hijo del Hombre» sería entregado a hombres inicuos, sería condenado a muerte, pero resucitaría al tercer día (Mr. 9:31). El testimonio insoslayable de los Evangelios, por lo tanto, es que Jesús es consciente de que Él, como «el Hijo del Hombre», es decir, como el representante perfecto de la raza humana, quien es hombre, pero más que hombre es el Verbo encarnado, ha de morir por el pecado del mundo. Jesús profetizó su muerte y su resurrección (Mt. 17:22-23).

Si se acepta el testimonio de los Evangelios sin los prejuicios elucubrados por la crítica moderna, podría entenderse sin mayor dificultad que los sufrimientos del Hijo del Hombre constituyen una verdad profetizada a través de las Escrituras. Jesús mismo enseñó a sus discípulos después de su resurrección que lo que le había ocurrido no era algo fortuito, sino que había sido predicho en la Ley y en todos los profetas (Lc. 24:27). Era necesario que se cumpliese todo lo que está escrito respecto al Mesías (quien a su vez es «el Hijo del Hombre» y el «Hijo del Dios viviente») en la Ley, los Profetas y los Salmos. La perfecta concordancia entre las Escrituras del Antiguo Testamento (véanse Is. 40–55; Sal. 22; Dn. 9:26) y las del Nuevo Testamento respecto a los sufrimientos, muerte y resurrección de «el Hijo del Hombre» debe servir, si no de prueba final, por lo menos de un firme apoyo con miras a descubrir el origen y la naturaleza de su persona.

Por último, es necesario considerar también la coyuntura escatológica de la expresión «el Hijo del Hombre». No es posible en un espacio breve dar la atención debida a todos los pasajes relacionados con esta cuestión. Solo se mencionarán los más pertinentes, esperando que el lector interesado en el tema investigue más profundamente esta importante área de la cristología.

Los teólogos liberales insisten en que todos los usos de la frase «el Hijo del Hombre» proceden de una época posterior al ministerio terrenal de Cristo. Según ellos, fue la iglesia primitiva quien dio origen a la mencionada frase como una interpretación de la esperanza de una futura segunda venida de Cristo.[33]

El punto medular de la discusión es el hecho de que los teólogos liberales rehúsan reconocer que Jesús interpretó muchos pasajes del Antiguo Testamento. Una lectura de los Evangelios, por superficial que sea, revela que Jesús constantemente apela al Antiguo Testamento, algunas veces para refutar las falsas enseñanzas de los religiosos de su tiempo, otras para explicar alguna verdad respecto a su persona. Surge la pregunta, entonces: ¿Por qué Jesús no pudo haber interpretado el pasaje de Daniel 7:13ss? ¿Por qué decir que tuvo que ser la iglesia primitiva y no el mismo Jesús quien hizo referencia a la venida en gloria del Hijo del Hombre? Lo cierto es que en Daniel 7:13, la expresión «hijo de hombre» es identificada como refiriéndose al ser celestial que vendrá a reinar en la tierra.

La crítica pasa por alto el hecho de que, además de Daniel 7, hay otros muchos pasajes del Antiguo Testamento que claramente enseñan la venida del Rey-Mesías (el Hijo del Hombre) con poder, gloria y majestad real en el mismo sentido como aparece en Daniel 7:13-14. Veamos algunos ejemplos: «He aquí que para justicia reinará un rey, y príncipes presidirán en juicio. Y será aquel varón

33. Véase I. Howard Marshall, *op. cit.*, p. 71.

como escondedero contra el viento, y como refugio contra el turbión; como arroyos de agua en tierra de sequedad, como sombra de gran peñasco en tierra calurosa» (Is. 32:1-2). «Tus ojos verán al Rey en su hermosura; verán la tierra que está lejos... Porque Jehová es nuestro juez, Jehová es nuestro legislador, Jehová es nuestro Rey; él mismo nos salvará» (Is. 33:17-22). Las Escrituras del Antiguo Testamento anuncian la venida de Uno que será «el retoño del tronco de Isaí», «Rey sobre toda la tierra», cuyo nombre se llamará «Admirable, Consejero, Dios Fuerte, Padre Eterno, Príncipe de paz. Lo dilatado de su imperio y la paz no tendrán límite, sobre el trono de David y sobre su reino, disponiéndolo y confirmándolo en juicio y en justicia desde ahora y para siempre» (Is. 9:6-7; Is. 40:9-10; cp. Lc. 1:30-33).

Esos pasajes del Antiguo Testamento concuerdan con las palabras de Cristo en el Nuevo Testamento. El Señor menciona la venida del Hijo del Hombre en la gloria de su Padre con los santos ángeles (Mr. 8:38). En Mateo 16:27–17:13, Jesús les anticipó a tres de sus discípulos algo respecto a la venida en gloria del Hijo del Hombre. El Señor llevó a Pedro, Jacobo y Juan al monte de la Transfiguración y allí les mostró lo que ocurrirá cuando Daniel 7:13-14 tenga su cumplimiento completo (véase también Mt. 19:28). De igual modo, en Mateo 24, Jesús se refiere a su segunda venida (24:3) como la venida en gloria del Hijo del Hombre. En Mateo 24:30, dice: «Entonces aparecerá la señal del Hijo del Hombre en el cielo; y entonces lamentarán todas las tribus de la tierra, y verán al Hijo del Hombre viniendo sobre las nubes del cielo, con poder y gran gloria». En otra referencia sobre el mismo tema, dice: «Cuando el Hijo del Hombre venga en su gloria, y todos los santos ángeles con él, entonces se sentará en su trono de su gloria» (Mt. 25:31). En el mismo contexto se le llama «Rey» al Hijo del Hombre (véase Mt. 25:34, 40).

En resumen, la expresión, «el Hijo del Hombre» es un título cristológico que identifica al Mesías tanto con su absoluta deidad como con la humanidad como el Hombre perfecto. El Mesías, como el

Hijo del Hombre, nace, convive con los hombres, sufre, muere y resucita. Además, el Hijo del Hombre es el Hijo del Dios viviente, el que viene a reinar como Rey de reyes y Señor de señores. «El Hijo del Hombre es una figura de autoridad en la tierra y un día aparecerá revestido de poder celestial cuando participe en el juicio final».[34] Sin embargo, debe subrayarse que «el Hijo del Hombre» no es un simple hombre, sino la segunda persona de la Trinidad: el Verbo hecho carne, quien aun en su humillación tenía autoridad para perdonar pecados (Mr. 2:10). El Hijo del Hombre fue exaltado a la diestra de la Majestad en las alturas y de allá vendrá con poder y gran gloria. Las palabras de Cristo a Natanael describen la gloria del Hijo del Hombre: «De cierto, de cierto os digo: De aquí en adelante veréis el cielo abierto, y a los ángeles de Dios que suben y descienden sobre el Hijo del Hombre» (Jn. 1:51).

Finalmente, según Lucas 19:10, «el Hijo del Hombre vino a buscar y salvar lo que se había perdido», solo Dios pudo realizar una tarea semejante, de modo que el Hijo del Hombre tiene que ser Dios mismo. Además, Daniel 7:13 enseña que cuando el Nuevo Testamento designa a Jesús como el «Hijo de Dios», no solo se está reconociendo su deidad sino que, además, se reconoce que Él es Dios en el sentido absoluto del término. Como ya se ha señalado, los dirigentes religiosos reconocieron abiertamente que cuando Jesús se refiere a Dios como «mi Padre» está declarando ser «igual a Dios» (véanse Jn. 5:17-18; 10:30-33; 19:7). El autor de la carta a los Hebreos dice:

> Ciertamente de los ángeles dice: El que hace a sus ángeles espíritus, y a sus ministros llama de fuego. Mas del Hijo dice: Tu trono, oh Dios, por el siglo del siglo; cetro de equidad es el cetro de tu reino. Has amado la justicia, y aborrecido la maldad, por lo cual te ungió Dios, el Dios tuyo, con óleo de alegría más que

34. *Ibíd.*, p. 77.

> a tus compañeros. Y: Tú, oh Señor, en el principio fundaste la tierra, y los cielos son obra de tus manos. Ellos perecerán, mas tú permaneces; y todos ellos se envejecerán como una vestidura, y como un vestido los envolverás, y serán mudados; pero tú eres el mismo, y tus años no acabarán (He. 1:7-12).

Como puede verse palmariamente en este pasaje, hay una clara diferencia entre los ángeles y el Hijo:

1. Los ángeles son espíritus que ministran, pero el Hijo es Dios.
2. Los ángeles fueron «hechos», pero el Hijo es reconocido como Dios por el mismo Padre.
3. Los ángeles tuvieron comienzo, pero el Hijo reina por «los siglos de los siglos».
4. La creación (cielos y tierra) es obra del Hijo. El Hijo es diferente y antecede a la creación.
5. La creación tuvo un principio y tendrá un fin. El Creador permanece para siempre.
6. Todas las cosas creadas son mutables, pero el Hijo (Creador) es inmutable.

En el Evangelio según Mateo hay dos estupendos ejemplos acerca del significado de la frase «el Hijo del Dios viviente» aplicada a Cristo. En ambos casos, el uso de dicha frase pone de manifiesto que su significado demuestra que «Hijo de Dios» es el reconocimiento de que Cristo es Dios de manera plena.

El primer ejemplo se encuentra en Mateo 16:15-17. En el mencionado pasaje, el Señor pregunta a los discípulos: «¿Quién decís que soy yo?» (v. 15). El apóstol Pedro respondió: «Tú eres el Cristo, el Hijo del Dios viviente» (v. 16). La respuesta de Pedro no fue una declaración estudiada, sino una revelación sobrenatural dada por el mismo Padre celestial. «Entonces le respondió Jesús: Bienaventurado eres, Simón, hijo de Jonás, porque no te lo reveló carne ni sangre, sino mi Padre que está en los cielos» (v. 17). El Padre celestial le reveló a Pedro que la relación de Cristo con el Padre no era una relación común u ordinaria, sino una relación especial, es decir, una relación eterna que implicaba igualdad de esencia. Jesús es «el Hijo del Dios viviente», es decir, es Dios.

El segundo pasaje es Mateo 26:57-66. Ahí se registra la comparecencia de Jesús delante del Sanedrín, es decir, el concilio de la nación de Israel, presidido por el sumo sacerdote Caifás. Habían llevado falsos testigos para que acusaran a Jesús. Sin embargo, las falsas acusaciones no tuvieron éxito. Entonces, Caifás dijo a Jesús: «Te conjuro por el Dios viviente que nos digas si eres tú el Cristo, el Hijo del Dios viviente» (Mt. 26:63). Debe observarse la designación «el Cristo». El artículo definido «el» se usa para identificar. No es «un Cristo», sino «el Cristo». No es «un ungido», sino «el ungido». Además, Caifás entendía correctamente que *el Mesías*, es decir, *el Cristo,* tenía que ser *el Hijo del Dios viviente,* lo cual equivale a ser *Dios* en su plenitud. La respuesta de Jesús a Caifás fue: «Tú lo has dicho» (v. 64). Esa expresión equivale a un rotundo «Sí, lo soy».

La reacción de Caifás fue de gran enfado. Mateo dice: «Entonces el sumo sacerdote rasgó sus vestiduras, diciendo: ¡Ha blasfemado! ¿Qué más necesidad tenemos de testigos? He aquí, ahora mismo habéis oído su blasfemia ¿Qué os parece? Y respondiendo ellos dijeron: ¡es reo de muerte!» (Mt. 26:65-66).

El sumo sacerdote Caifás conocía el vocabulario, la teología del Antiguo Testamento. Sabía que *el Mesías*, es decir, *el Ungido,* tenía que ser ni más ni menos que *el Hijo del Dios viviente*. Pero sabía también que ser «el Hijo de Dios» equivalía a ser Dios y por eso consideró la respuesta de Cristo como una blasfemia. Lo triste es que Caifás rehusó creer que Jesús estaba afirmando de manera estricta la realidad de su persona. Jesús estaba revelando en aquel momento su verdadera identidad: Él es el Mesías, el Ungido, el Hijo de Dios, es decir, Dios mismo encarnado, hecho visible y a punto de ser crucificado por el pecado de la humanidad.

La Biblia confiere a Cristo el nombre de Dios

La Biblia presenta a Jesús como el Hijo de Dios, lo cual constituye una declaración de su *absoluta deidad*. También lo presenta como «el Hijo del Hombre», identificándolo, por un lado, con la autoridad soberana que como Mesías ha de ejercer cuando venga por segunda vez a la tierra con poder y gran gloria. La Palabra de Dios, además, confiere a Jesús el nombre de Dios. En el relato de la anunciación del nacimiento de Cristo, Mateo cita al profeta Isaías:

> He aquí, una virgen concebirá y dará a luz un hijo, y llamarás su nombre Emanuel, que traducido es: Dios con nosotros (Mt. 1:23).

La persona en quien se cumple la profecía de Isaías es concebido virginalmente en el vientre de María, es llamado el Unigénito Hijo de Dios, el Hijo del Hombre, Emanuel, es decir, Dios con nosotros.[35]

Uno de los pasajes más significativos referente al tema de la deidad de Cristo es, sin duda, Filipenses 2:5-11. En este pasaje, Pablo escribe acerca del origen celestial de Cristo, su relación con la Deidad en la eternidad, su encarnación, su humillación y muerte en la cruz, y su subsecuente exaltación a la gloria. Pablo comienza diciendo:

> Haya, pues, en vosotros este sentir que hubo también en Cristo Jesús, el cual, siendo en forma de Dios, no estimó el ser igual a Dios como cosa a que aferrarse (Fil. 2:5-6).

Cada palabra en este pasaje es de gran importancia. En esta

35. El sustantivo «Dios» (*ho théos*) va precedido del artículo definido. De modo que, literalmente, dice: «El Dios con nosotros».

breve consideración se dará atención a tres expresiones o frases: 1) «siendo» (*hypárchon*), 2) «en forma de Dios» (*en morfêi theoû*) y 3) «el ser igual a Dios» (*tó eînai ísa theoî*). La palabra «siendo» es un participio presente en la voz activa en el cual la noción del tiempo no interviene, y puede traducirse por la palabra «existiendo». Este vocablo sugiere la existencia eterna de Cristo, y esto en sí es un aspecto de su deidad.

La segunda expresión que debe notarse en este himno cristológico es «en forma de Dios». La palabra «forma» es la traducción del vocablo griego *morfe*. En el idioma castellano, «forma» denota la apariencia externa de una cosa. En el idioma griego, sin embargo, *morfe* subraya el hecho de que cualquiera que sea la apariencia externa de algo es el resultado de su esencia o de su naturaleza intrínseca.[36] De modo que, si Cristo existe «en forma de Dios», es porque la naturaleza más íntima de su ser es la naturaleza misma de Dios. Esto significa que Cristo tiene que ser Dios, ya que solo Dios puede poseer las cualidades intrínsecas de la Deidad.

Por último, la expresión «el ser igual a Dios» debe ser considerada con mucha atención en este contexto. Jesús no consideró el ser igual a Dios como una usurpación. Su naturaleza, su rango, su gloria, su majestad son los que a través de la eternidad han correspondido a la Deidad, y, por lo tanto, pertenecen a Cristo. Jesús abandonó temporalmente su posición en la gloria con el Padre celestial (Jn. 17:5). Para Cristo, «el ser igual a Dios» no era un acto de usurpación. La expresión «ser igual a Dios» denota que posee la misma naturaleza divina que el Padre posee. Por lo tanto, Cristo puede ser llamado Dios al igual que el Padre sin que tal designación constituya una blasfemia.

En el capítulo 9 de su epístola a los Romanos, Pablo enumera los privilegios de la nación de Israel, diciendo:

36. Véanse Gerhard Kittel (ed.), *Theological Dictionary of the New Testament*, vol. IV, pp. 742-752; G. Braumann, «Form, Substance», *The New International Dictionary of New Testament Theology*, vol. 1, pp. 703-708.

> De quienes son los patriarcas, y de los cuales, según la carne, vino Cristo, el cual es Dios sobre todas las cosas, bendito por los siglos. Amén (Ro. 9:5).

En el texto griego, el sustantivo «el Cristo» (*ho Christós*) es el antecedente del sustantivo «Dios» (*ho theoû*). Es más, en el griego, «Dios» va acompañado del artículo definido. De modo que Pablo, literalmente, dice: «El Cristo, el cual es el Dios sobre todas las cosas». Indudablemente, el apóstol identifica al Mesías como Dios manifestado en la carne. Por supuesto que este texto enfatiza tanto la humanidad como la deidad de Jesucristo, algo que ocurre con bastante regularidad en el Nuevo Testamento.

Un pasaje de indiscutible importancia relacionado con el tema de la deidad de Cristo aparece en Salmos 45:6. En este texto, Dios el Padre se dirige al Hijo, llamándolo «Dios»: «Tu trono, oh Dios, es eterno y para siempre; cetro de justicia es el cetro de tu reino». Este mismo pasaje es citado por el escritor de la epístola a los Hebreos, para demostrar la preeminencia de Cristo. Según el autor de la mencionada epístola, Jesús es preeminente por las siguientes razones: 1) Es el heredero de todo, 2) es el creador del universo, 3) es la revelación absoluta de Dios, 4) ha purificado a su pueblo de pecado, 5) ha sido exaltado a la diestra del Padre, 6) como Hijo, tiene que ser de la misma naturaleza con el Padre celestial, y 7) es específicamente llamado *Dios* por el Padre celestial: «Mas del Hijo dice: Tu trono, oh Dios, por el siglo del siglo; cetro de equidad es el cetro de tu reino» (He. 1:8).

En realidad, son muchos los pasajes del Nuevo Testamento donde Jesús es designado específicamente como «Dios». Ciertamente hubiese sido una flagrante blasfemia si los escritores bíblicos, escribiendo bajo la dirección del Espíritu Santo, hubiesen atribuido a Cristo el título de *Dios* si en realidad no lo fuese. Sería absolutamente inexplicable que hombres con un concepto tan elevado de Dios como los apóstoles, con una reverencia tan profunda hacia el Antiguo Testamento, hubiesen deificado a un mero hombre.[37]

Cristo posee los atributos de la deidad

Los pasajes bíblicos citados en la sección anterior debían ser suficientes para concluir que la Biblia enseña con suma claridad la doctrina de la deidad de Cristo. Sin embargo, es importante añadir que la Palabra de Dios explícitamente enseña que Cristo posee todos los atributos de la deidad. La Biblia enseña que Cristo es omnipotente, omnipresente, omnisciente, inmutable, santo y eterno. Además, la Biblia habla del amor, la gracia, la misericordia y otras características de Cristo en el mismo sentido en que atribuye a Dios dichas características.

Cristo es omnipotente

La palabra *omnipotencia* significa literalmente «todo poder». Dios es omnipotente porque Él todo lo puede. En el Nuevo Testamento, la expresión «el Todopoderoso» (*ho pantokrátor*) se usa únicamente con referencia a Dios. Es muy natural que así sea, pues solamente Dios puede poseer ese atributo. En Apocalipsis 1:7-8 dice:

> He aquí que viene con las nubes, y todo ojo le verá, y los que le traspasaron; y todos los linajes de la tierra harán lamentación por él. Sí, amén. Yo soy el Alfa y la Omega, principio y fin, dice el Señor, el que es y que era y que ha de venir, el Todopoderoso.

En su visión apocalíptica, el apóstol Juan contempla a Jesús regresando a la tierra por segunda vez. El apóstol identifica al Señor como: 1) el Alfa y la Omega, una figura que habla de su grandeza (principio

37. Entre los pasajes del Nuevo Testamento donde específicamente Jesucristo es designado como Dios, véanse: Jn. 1:1; Jn. 20:28; 1 Ti. 3:16; Tit. 2:13; He. 1:8 y 1 Jn. 5:20.

y fin), 2) el Señor, señalando hacia su soberanía; 3) el que era y que ha de venir, y 4) el Todopoderoso (*ho pantokrátor*), es decir, Él tiene control sobre todas las cosas. Jesús tiene autoridad y soberanía sobre todo el universo (Ap. 4:8; He. 1:3; Col. 1:11).

Cristo es omnisciente

Otro atributo de deidad que Cristo posee es el de omnisciencia, es decir, nada escapa a su conocimiento. Colosenses 2:3 dice:

> En quien están escondidos todos los tesoros de la sabiduría y del conocimiento.

> La mujer samaritana confesó:

> Venid, ved a un hombre que me ha dicho todo cuanto he hecho. ¿No será éste el Cristo? (Jn. 4:29).

Jesús jamás había visto a la mujer samaritana hasta el día en que se encontró con ella junto al pozo de Jacob. Sin embargo, el Señor conocía la vida pecaminosa de aquella mujer. Este es un ejemplo singular de que Jesús poseía el atributo de la omnisciencia. Esta verdad se hace evidente también en las palabras de Juan 2:25: «No tenía necesidad de que nadie le diese testimonio del hombre, pues él sabía lo que había en el hombre». Jesús conocía las dudas de Tomás (Jn. 20:24-28); sabía que Lázaro había muerto (Jn. 11) y conocía perfectamente los pensamientos secretos de sus adversarios (Mt. 9:4). ¿Cómo podría ser posible semejante cosa si el Señor no fuera omnisciente?

Cristo es omnipresente

Otro atributo que Cristo posee es el de la omnipresencia. Cristo tiene el poder de estar en todas partes al mismo tiempo en la absoluta intensidad de su persona. En Juan 3:13, Jesús declara:

> Nadie subió al cielo, sino el que descendió del cielo; el Hijo del Hombre que está en el cielo.

El Señor confiesa que Él está simultáneamente en la tierra y en el cielo. En Mateo 18:20, Cristo prometió a sus discípulos:

> Porque donde están dos o tres congregados en mi nombre, allí estoy yo en medio de ellos.

Aunque algunos prefieren interpretar esas palabras de Jesús en sentido figurado, y dicen que Jesús está presente en un aspecto espiritual, que Cristo está presente en la mente y en las oraciones de los discípulos, pero no en un sentido personal. Sin embargo, una interpretación normal o natural del referido texto señala que la presencia del Señor con los suyos es algo personal y real. De igual modo, Jesús prometió estar con los suyos «todos los días, hasta el fin del mundo» (Mt. 28:20).

Cristo es inmutable

La Biblia atribuye a Cristo la característica de inmutabilidad. Dios el Padre es inmutable (Stg. 1:17). Él no cambia en su esencia, es decir, lo intrínseco de su ser permanece inalterable. Dios el Hijo también es inmutable. Hebreos 1:10-12 dice:

> Tú, oh Señor, en el principio fundaste la tierra, y los cielos son obra de tus manos. Ellos perecerán mas tú permaneces; y todos ellos se envejecerán como una vestidura, y como un vestido los envolverás, y serán mudados, pero tú eres el mismo, y tus años no acabarán.

El contexto de este pasaje gira alrededor de la persona de Cristo. La superioridad del Hijo es presentada por el autor de la epístola. El

Hijo es superior a los ángeles, porque Él es Dios (He. 1:7, 8). También es superior a la creación, porque Él es el creador de todas las cosas (1:9, 10). La creación cambia y se envejece, pero el Hijo, siendo Dios, es inmutable. Su esencia jamás cambia.

La misma epístola a los Hebreos 13:8 dice:

> Jesucristo es el mismo ayer, y hoy, y por los siglos.

Solo Dios, quien es autosuficiente, tiene la capacidad de ser el mismo ayer, hoy y por los siglos. Si Jesús no fuese Dios, sería una detestable blasfemia atribuirle la característica de inmutabilidad.

Cristo es impecable

Uno de los aspectos de la vida de Jesús que más ha asombrado a los hombres ha sido su absoluta santidad e impecabilidad. La Biblia afirma repetidas veces que Jesús es santo. En Hebreos 7:26-27, dice:

> Porque tal sumo sacerdote nos convenía: santo, inocente, sin mancha, apartado de los pecadores, y hecho más sublime que los cielos; que no tiene necesidad cada día, como aquellos sumos sacerdotes, de ofrecer primero sacrificios por sus propios pecados, y luego por los del pueblo, porque esto lo hizo una vez para siempre, ofreciéndose a sí mismo.

El argumento del escritor sagrado es enfático. Los sacerdotes terrenales tenían que ofrecer sacrificios a favor de sí mismos antes de hacerlo por el pueblo. Jesús, siendo santo, inocente y sin mancha, pudo ofrecerse a sí mismo una vez por todas por los pecados de su pueblo.

El mismo escritor subraya la impecabilidad de Cristo, diciendo:

> Porque no tenemos un sumo sacerdote que no pueda compadecerse de nuestras debilidades, sino uno que fue tentado en todo según nuestra semejanza, pero sin pecado (He. 4:15).

Del mismo modo, el apóstol Juan escribió: «Y sabéis que él [Cristo] apareció para quitar nuestros pecados, y no hay pecado en él» (1 Jn. 3:5).

Durante su ministerio terrenal, Jesús retó a los líderes religiosos de Israel, diciéndoles: «¿Quién de vosotros me redarguye de pecado?» (Jn. 8:46). Aun los demonios reconocieron que Jesús era el «Santo de Dios» (Mr. 1:24).

El apóstol Pablo afirma que «al que no conoció pecado, por nosotros lo hizo pecado, para que nosotros fuésemos hechos justicia de Dios en él» (2 Co. 5:21). Solo un Cristo impecable podía ofrecerse a sí mismo como expiación por hombres pecadores. Así como el cordero pascual tenía que ser absolutamente santo y sin mancha (1 P. 1:18-20; 2:22).

El apóstol Juan, refiriéndose a la visión del profeta Isaías (6:1-3), afirma que Aquel de quien los serafines dijeron: «Santo, santo, santo, Jehová de los ejércitos», era nada menos que el propio Señor Jesucristo. Juan dice: «Isaías dijo esto cuando vio su gloria y habló acerca de él» (Jn. 12:41). En resumen, el testimonio de las Escrituras es enfático. Cristo fue y sigue siendo impecable (He. 13:8). Su santidad es incuestionable. Tal característica es una demostración de que Jesús es una persona divina.

Cristo es eterno

Cristo no comenzó su existencia el día de su nacimiento en Belén de Judea.[38] Como la segunda persona de la Trinidad, Jesucristo ya existía desde la eternidad. El profeta Miqueas, al hablar de la venida del Mesías al mundo, dice:

> Pero tú, Belén Efrata, pequeña para estar entre las familias de Judá, de ti me saldrá el que será Señor en Israel, y sus salidas son desde el principio, desde los días de la eternidad (Mi. 5:2).

38. J. Dwight Pentecost, *The Words and Works of Jesus Christ*, p. 28.

El profeta Miqueas enfatiza el hecho de que el Mesías que nacería de la tribu de Judá, no solo sería el Señor de Israel, sino alguien que existe desde el principio, es decir, desde la eternidad. Esa profecía de Miqueas fue citada por los escribas, cuando Herodes les preguntó dónde nacería el Cristo (Mt. 2:4-6).

Durante una discusión con los judíos, Jesús mismo hizo una de las declaraciones más enfáticas respecto a la deidad.[39] La afirmación hecha por Jesús se relaciona con el carácter eterno de su persona. La discusión entre Jesús y los judíos (Jn. 8:21-59) giraba alrededor de la pregunta ¿quién es Jesús? (8:25). Los judíos rehusaban creer en el Señor, afirmando que por ser hijos de Abraham serían bendecidos de todas maneras (8:33). Jesús les responde que en realidad son hijos del diablo (8:44) y que morirían en sus pecados si no creen en Él (8:45). Fue a raíz de esa discusión que Jesús dijo a los judíos: «De cierto, de cierto os digo: Antes que Abraham fuese, yo soy» (Jn. 8:58).

Los judíos afirmaban que Abraham era tanto el padre espiritual como el progenitor de la nación judía. Jesús les señala que «Abraham... se gozó de que había de ver mi día; y lo vio, y se gozó» (Jn. 8:56). Al escuchar esas palabras, los judíos se asombraron de que Jesús pudiese haber visto a Abraham ya que, según ellos, Jesús aún no tenía 50 años (8:57). Fue ahí donde Jesús afirma su carácter eterno, usando una frase que solo corresponde a Dios. El Señor no indica meramente que su existencia precedía a la de Abraham, sino que Él tiene existencia eterna en el mismo sentido en que Dios la tiene.

> Cristo afirmó: «Antes que Abraham fuese, yo soy» (v. 58). «Yo soy» era el nombre del Dios autoexistente, quien se había revelado a Moisés en la zarza ardiente (Éx. 3:14). Jesucristo afirmaba ser el «Yo soy», el Dios autoexistente. Cristo estaba afirmando su eternidad. Para los judíos tal cosa era una blasfemia.[40]

---

39. John A. Witmer, «Did Jesus Claim to be God?», *Bibliotheca Sacra*, abril, 1968, p. 152.

40. J. Dwight Pentecost, *op. cit.*, p. 288.

El apóstol Pablo escribió en Colosenses 1:17 que «él es antes de todas las cosas, y todas las cosas en él subsisten». El apóstol Juan, en el prólogo de su Evangelio, afirma que el Verbo (Cristo) era en el principio con Dios (Jn. 1:2). Cristo hizo referencia a la gloria que tuvo con el Padre antes de que el mundo fuese (Jn. 17:5). El profeta Isaías, escribiendo respecto a la venida del Mesías, dice que «un niño nos es nacido, hijo nos es dado» (Is. 9:6). El niño nace, pero el Hijo es dado. El Hijo existía con el Padre antes de su venida al mundo. Es por eso que Pablo dice que, «cuando vino el cumplimiento del tiempo, Dios envió a su Hijo...» (Gá. 4:4). El Hijo existía desde la eternidad.

Resumiendo, la Palabra de Dios enseña que Cristo es el legítimo poseedor de todos los atributos de la deidad. Todas las características propias de Dios se encuentran presentes en Jesucristo. Tal cosa es posible debido a que Jesucristo es una persona divina. Él es Dios manifestado en la carne, quien llevó sobre sí la culpa del pecado humano.

Cristo posee prerrogativas que solo pertenecen a Dios

La Biblia no solo otorga a Cristo los atributos de la deidad, sino que también le concede prerrogativas que son exclusivas de Dios. Por falta de espacio, se mencionarán únicamente las más sobresalientes.

Cristo tiene autoridad para perdonar pecados

La Biblia enseña que Jesús tiene autoridad para perdonar pecados. En Marcos capítulo 2, se relata que Jesús sanó a un paralítico. Antes de efectuar la sanidad, Cristo dijo al enfermo:

> Hijo, tus pecados te son perdonados (Mr. 2:5).

Los judíos presentes se asombraron al oír aquella declaración, y dijeron:

> ¿Por qué habla éste así? Blasfemias dice. ¿Quién puede perdonar pecados, sino sólo Dios? (Mr. 2:7).

Los judíos reconocieron que Jesús estaba ejerciendo una prerrogativa que solo le corresponde a Dios. En Marcos 2:10, Jesús declara que Él posee esa autoridad:

> Pues para que sepáis que el Hijo del Hombre tiene potestad en la tierra para perdonar pecados...

Si solo Dios tiene autoridad para perdonar pecados y Jesús afirma poseer esa autoridad, puede decirse o que Él es Dios, o, como creían los judíos, estaba blasfemando. Lo cierto es que Jesús estaba haciendo algo propio de su persona divina.

Cristo es adorado como Dios

Todo estudioso de las Escrituras sabe que Dios exige que se le adore solo a Él. Adorar a cualquier otro ser o cosa constituye una idolatría (Éx. 20:3-6; Dt. 6:13-15). Jesús reconoció esa verdad durante su vida terrenal. Cuando fue tentado por Satanás, Cristo respondió: «Escrito está: Al Señor tu Dios adorarás y a él sólo servirás» (Mt. 4:10). De modo que habría sido deshonesto que Jesús hubiese aceptado la adoración de los hombres, a menos que Él fuese Dios y, por lo tanto, merecedor de esa adoración.

Lo cierto es que Jesús aceptó el ser adorado como solamente Dios debe ser adorado. Cuando los sabios procedentes del Oriente vinieron a ver al rey que había nacido «postrándose, lo adoraron» (Mt. 2:11). Los discípulos que estaban a punto de perecer en el mar de Galilea y fueron rescatados por el Señor «...vinieron y le adoraron, diciendo: Verdaderamente eres Hijo de Dios» (Mt. 14:33). El ciego de nacimiento al que Jesús sanó, también se postró y adoró al Señor (Jn. 9:38). Las mujeres a las que Jesús se manifestó después de su resurrección, «...abrazaron sus pies, y le adoraron» (Mt. 28:9). Antes de su ascensión a la gloria, Jesús se reunió con sus discípulos en el monte de los Olivos y ellos le adoraron (Lc. 24:52).

Es importante notar que en ninguna de las ocasiones mencionadas hubo protesta alguna por parte de Jesús. Aquel que había venido a cumplir la ley hubiese violado el primer mandamiento del decálogo de haber sido un simple hombre. La realidad es que Cristo aceptó el ser adorado porque, como Dios, Él es digno de tal honor.

La escena que aparece en el libro del Apocalipsis no puede ser más elocuente:

> El Cordero que fue inmolado es digno de tomar el poder, las riquezas, la sabiduría, la fortaleza, la honra, la gloria y la alabanza. Y a todo lo creado que está en el cielo, y sobre la tierra, y debajo de la tierra, y en el mar, y a todas las cosas que en ellos hay, oí decir: Al que está sentado en el trono, y al Cordero, sea la alabanza, la honra, la gloria y el poder, por los siglos de los siglos (Ap. 5:12-13).

El cuadro que se presenta en el Apocalipsis es muy singular. Dios el Padre (sentado en el trono) y Dios el Hijo (el Cordero) reciben la misma adoración y alabanza (véase Jn. 5:23).

Cristo es el Creador y sustentador de todas las cosas

La Biblia dice que: «En el principio creó Dios los cielos y la tierra» (Gn. 1:1). De modo que el universo es el resultado del poder creador de Dios. En Juan 1:3, esa obra es atribuida al Verbo, es decir, a Jesucristo: «Todas las cosas por él fueron hechas, y sin él nada de lo que ha sido hecho fue hecho». El Verbo es el Creador, de otro modo se caería en el absurdo de pensar que el Verbo se creó a sí mismo.

También, en Colosenses 1:17, dice: «Y él es antes de todas las cosas, y todas las cosas en él subsisten». Cristo no es tan solo el Creador, sino también el sustentador de todas las cosas. Él es el que «sustenta todas las cosas con la palabra de su poder» (He. 1:3).

Cristo es el sustentador por cuanto es el preservador de todo lo que Él mismo creó.[41]

Resumen

La evidencia bíblica no deja lugar a duda respecto a la naturaleza de la persona de Jesucristo. Los títulos usados referentes a su persona, los atributos que demostró tener, las prerrogativas de las que hizo uso durante su ministerio terrenal dejan de manifiesto que Cristo fue más que un simple hombre. Si se acepta el testimonio de los Evangelios, debe aceptarse también que Jesús, por las cosas que hizo y dijo, demostró que era Dios manifestado en la carne. Tómese como ejemplo el testimonio que aparece en el Evangelio según San Mateo referente a los poderes divinos ejercidos por Cristo:

1. Poder sobre las fuerzas de la naturaleza (Mt. 14:26-29; 15:34-36; 21:19).
2. Poder sobre las fuerzas del mal (Mt. 8:32; 12:28).
3. Poder sobre las fuerzas del cielo (Mt. 13:41).
4. Poder para sanar a los enfermos (Mt. 4:23; 8:3, 7).
5. Poder para resucitar a los muertos (Mt. 9:25; 20:19; 26:61).
6. Poder para juzgar a la humanidad (Mt. 7:21; 12:31-32; 13:30; 23:2-8).
7. Poder para perdonar pecados (Mt. 9:2).
8. Poder para condenar y dictar sentencia sobre los pecadores no arrepentidos (Mt. 23:13-16, 27).
9. Poder para dar galardones cuando venga otra vez a la tierra (Mt. 5:11-12; 10:42; 13:43; 19:29; 25:34-36).
10. Poder para dar poder (Mt. 10:1, 8; 28:20).
11. Poder para proveer completo y perfecto acceso al Padre (Mt. 11:27).
12. Poseedor de todo poder (Mt. 28:18).

41. S. Lewis Johnson, «Christ Pre-eminent», *Bibliotheca Sacra*, enero, 1962, p. 16.

Al leer estos pasajes, es inevitable reconocer con el apóstol Juan que: «Este es el verdadero Dios, y la vida eterna» (1 Jn. 5:20). Jesús se autoidentificó como la vida (Jn. 11:25; 14:6). Afirmó, además, tener la autoridad para dar vida eterna a otros (Jn. 10:28) y ser el único camino al Padre (Jn. 14:6). También, Jesús afirmó tener autoridad para resucitar a los muertos en el día postrero (Jn. 6:40). Todas estas prerrogativas y poderes solo pueden ser ejercidos por ser Dios.

El Antiguo Testamento enseña que hay un solo y único Salvador: «Mirad a mí, y sed salvos, todos los términos de la tierra, porque yo soy Dios, y no hay más» (Is. 45:22). El Nuevo Testamento atribuye ese mismo atributo a Jesucristo: «En ningún otro hay salvación; porque no hay otro nombre bajo el cielo, dado a los hombres, en que podamos ser salvos» (Hch. 4:12). Solo Dios puede salvar, y ese atributo lo posee Jesucristo (véase 2 Ti. 1:8-9).

7

Oposición a la doctrina de la deidad de Cristo

A PESAR DE QUE la Palabra de Dios claramente enseña la doctrina de la deidad de Cristo, hay quienes la han negado y continúan negándola. En los primeros siglos de la era cristiana, los ebionitas, los sabelianos y los arrianos rehusaron aceptar que Cristo es Dios. En siglos posteriores, los monofisitas, los adopcionistas y los socinianos siguieron el mismo rumbo.

En la Edad Moderna, con el auge del humanismo y del racionalismo, ha surgido un rechazo al sobrenaturalismo. Ese rechazo ha resultado en una negación de la revelación de Dios, tanto en su forma escrita, la Biblia, como en su forma humana, la persona divina de Cristo. Para muchos, la Biblia es un libro como otro cualquiera, escrito por hombres con buenos sentimientos. Cristo, dicen, es un mero hombre con profundos ideales y gran sentido de la justicia, pero equivocado en cuanto a su misión. La postura del liberalismo teológico respecto a la persona de Cristo ha sido resumida en un capítulo anterior. Por supuesto que mucho más podría decirse respecto a este asunto. Se espera, sin embargo, que el lector se sienta estimulado a investigar el tema más profundamente.

Sin embargo, uno de los esfuerzos modernos más engañosos encaminados a negar la deidad de Cristo se encuentra en la traducción de la Biblia conocida como la *Traducción del Nuevo Mundo*. Los traductores de dicha versión, haciendo alarde de un conocimiento del idioma griego, han ofrecido al público lector una lectura tendenciosa y errónea del texto original.

La cuestión de la ausencia del artículo definido en el original griego

En la mencionada traducción, el texto de Juan 1:1 es traducido así: «En el principio era la Palabra, y la Palabra era con Dios y la Palabra era *un Dios*». Los que respaldan esa traducción argumentan que el sustantivo «Dios» (*théos*) al final de ese versículo no va acompañado del artículo definido y, por lo tanto, es indefinido, teniendo que ser traducido «un Dios», pero ese argumento comete dos graves errores. En primer lugar, pasa por alto las reglas de la gramática griega. En segundo lugar, soslaya la totalidad de las enseñanzas bíblicas respecto al tema de la persona de Cristo. La combinación de ambos errores tiene como resultado conclusiones incongruentes en gran extremo.

Acerca del primer error, debe decirse que la gramática griega se diferencia tanto de la inglesa como de la española en varios aspectos, y el uso del artículo es uno de ellos. En el castellano, existe el artículo definido *el* y el indefinido *un*. En el griego koiné, por el contrario, solamente existe el artículo definido «el» (*ho*). En castellano, una palabra acompañada del artículo indefinido (un) es indefinida. En el idioma griego, sin embargo, no es así. La presencia del artículo en el idioma griego enfatiza la *identidad* de la persona o cosa. La ausencia del artículo enfatiza la cualidad o la *esencia* de la persona u objeto.

En su *Gramática griega del Nuevo Testamento,* los profesores H. E. Dana y Julius R. Mantey expresan:

> La función del artículo es señalar un objeto o llamar la atención a este. Cuando el artículo aparece, el objeto es ciertamente definido. Cuando el artículo no se usa, el objeto puede o no ser

> definido... La función básica del artículo griego es señalar *identidad individual*.[1]

Los profesores Dana y Mantey señalan, además, que:

> Algunas veces con un nombre que el contexto comprueba ser definido, el artículo no se usa. Esto hace que la pureza recaiga sobre el aspecto cualitativo del nombre en lugar de su sola identidad. Un pensamiento puede concebirse desde dos puntos de vista: 1) identidad y 2) cualidad. Para indicar el primer punto de vista, el griego usa el artículo. Para el segundo, se usa el *anarthorous* (sin artículo). Asimismo, en expresiones que han sido tecnicalizadas y en salutaciones el artículo no se usa.[2]

Hace algunos años, el profesor Julius Mantey, especialista del Nuevo Testamento en el Northern Baptist Theological Seminary de Chicago, escribió una carta con el propósito de refutar a los traductores de la *Traducción del Nuevo Mundo*. Los traductores de dicha versión hicieron un uso incorrecto del contenido de la gramática griega publicada por los profesores Dana y Mantey. Debido a esa referencia incorrecta, el profesor Mantey escribió lo siguiente:

> Juan 1:1, que dice: «En el principio era el Verbo y el Verbo era con Dios y el Verbo era Dios», es terriblemente mal traducido como «originalmente la Palabra era, y la Palabra era con Dios, y la Palabra era un Dios» en la *Traducción del Nuevo Mundo de las Escrituras Cristianas*, publicada bajo los auspicios de los Testigos de Jehová.
>
> Ya que mi nombre es usado y nuestra *Gramática griega del Nuevo Testamento* es citada en la página 744 con el objeto de justificar su traducción, hago la siguiente declaración:

---

1. H. E. Dana y Julius R. Mantey, *Gramática griega del Nuevo Testamento*, pp. 132-133.
2. *Ibíd.*, p. 144.

La traducción sugerida en nuestra gramática referente al pasaje en cuestión es «La Palabra era deidad». La traducción de Moffat es «El Verbo era divino». Williams lo traduce: «El Verbo era Dios mismo». Cada una de esas traducciones refleja la idea dominante en el griego. Ya que siempre que un nombre en el griego no va precedido de un artículo, ese nombre puede considerarse como la manera de enfatizar el carácter, la naturaleza, la esencia o la cualidad de una persona o cosa como ocurre con *théos*, Dios, en Juan 1:1, o también puede traducirse en ciertos contextos como indefinido, como ellos han hecho. Pero de todos los eruditos del mundo, hasta donde sabemos, ninguno ha traducido este versículo como lo hacen los Testigos de Jehová.

Si el artículo griego ocurriese al mismo tiempo con los sustantivos Verbo y Dios en Juan 1:1, la implicación sería que estos serían la misma persona, absolutamente idénticos. Pero Juan afirma que «el Verbo era con [el] Dios» (el artículo definido precede a ambos sustantivos), y al escribir así indica su creencia que estos eran personalidades distintas. Entonces, Juan seguidamente declara que el Verbo era Dios, es decir, de la misma familia o esencia que caracteriza al Creador. En otras palabras, ambos son de la misma naturaleza, y esa naturaleza es la más elevada que existe, es decir, divina.

Algunos ejemplos donde el nombre en el predicado no tiene artículo, como en el versículo anterior, son: Juan 4:24, «Dios es Espíritu» (no *un* espíritu), 1 Juan 4:16, «Dios es amor» (no *un* amor), y Mateo 13:39, «los segadores son ángeles», es decir, son el tipo de seres conocidos como ángeles. En cada caso, el nombre en el predicado se usa para describir una cualidad o característica del sujeto, ya sea de su naturaleza o de su clase.

El apóstol Juan, en el contexto de la introducción de su

Evangelio, hace uso de todos los mecanismos del idioma para presentar no solo la deidad de Cristo, sino también su igualdad con el Padre. Declara que el Verbo era en el principio, que era con Dios, que era Dios, y que toda la creación procede de Él, y que ni una sola cosa existe que no haya sido creada por Cristo. ¿Qué más pudo haberse dicho que Juan no hubiese dicho? En Juan 1:18, explica que Cristo ha tenido tal intimidad con el Padre que estaba en su seno y que vino a la tierra para revelar a Dios. Pero si no tuviésemos ninguna otra declaración de Juan que la que aparece en 14:9, «El que me ha visto a mí, ha visto al Padre», eso sería suficiente para satisfacer al que busca la verdad de que Cristo y Dios son de la misma esencia y que ambos son divinos e iguales en naturaleza. Además, toda la revelación del Nuevo Testamento apunta en esa dirección. Compárese la declaración de Pablo en Colosenses 2:9, por ejemplo, «en él habita toda la plenitud de la Deidad», o la declaración de Hebreos 1:3: «[Él es], la imagen misma de su sustancia, y el que sustenta todas las cosas con la palabra de su poder». Nótese, además, la estupenda afirmación cósmica registrada en Mateo 28:18: «Toda potestad me es dada en el cielo y en la tierra».

Además, si contrastamos con eso la implicación que reduce a Cristo al nivel de un dios, ¿no se detecta de inmediato el desacuerdo? ¿No entra tal concepto en conflicto con el mensaje del Nuevo Testamento, tanto con el todo como con las partes? ¿Por qué Juan, en medio de la idolatría de su tiempo, si hubiese hecho tal afirmación, no fue capaz de causar un concepto distorsionado de la persona de Cristo a quien consideramos como el Creador del Universo y el único Redentor de la humanidad?[3]

3. Julius Mantey, «Carta abierta a los traductores de la *Traducción del Nuevo Mundo*» (s/f).

Como el lector podrá observar, el profesor Mantey rechaza enfáticamente la traducción hecha por el equipo editor de la *Traducción del Nuevo Mundo* y deplora que se haga un uso tan inadecuado de la gramática del griego del Nuevo Testamento. Los traductores de la mencionada versión manipulan flagrantemente el texto bíblico para moldearlo y conformarlo a su presuposición, es decir, que Jesucristo no puede ser Dios.

Resumiendo, la gramática griega enseña que la ausencia del artículo definido no hace a un sustantivo necesariamente indefinido, como pretende hacer ver la *Traducción del Nuevo Mundo*, por las siguientes razones:

1. El sustantivo en el idioma griego tiene definitividad propia. Es decir, un sustantivo en el griego no necesita ir acompañado del artículo definido para expresar un concepto definido.

2. Cuando un sustantivo va acompañado del artículo, el énfasis radica en la identificación de la persona o cosa. Cuando un sustantivo no lleva artículo, el autor desea enfatizar la cualidad, el carácter o la esencia de la persona u objeto referido.

Un segundo error que puede detectarse en la *Traducción del Nuevo Mundo* es la falta de congruencia. Los traductores de la mencionada traducción son inconsecuentes en el uso de las reglas gramaticales. Tuercen las Escrituras con el fin preconcebido de reducir la persona de Cristo a un nivel inferior al de Dios.

Cuando los editores de la *Traducción del Nuevo Mundo* traducen Juan 1:1, diciendo: «...y la Palabra era *un Dios*», tienen como propósito negar la deidad de Cristo. La incongruencia, sin embargo, surge al no aplicarse el mismo principio a otros textos de la Escritura donde el sustantivo «Dios» aparece sin el artículo definido. Nótese lo que ocurriría si se siguiera el mismo patrón con los pasajes siguientes:

A *un Dios* nadie le vio jamás; el unigénito Hijo, que está en el seno del Padre, él le ha dado a conocer (Jn. 1:18).

Ninguno puede servir a dos señores; porque o aborrecerá al uno y amará al otro, o estimará al uno y menospreciará al otro. No podéis servir a *un Dios* y a las riquezas (Mt. 6:24).

Gloria a *un Dios* en las alturas, y en la tierra paz, buena voluntad para con los hombres (Lc. 2:14).

Porque *un Dios* no es Dios de muertos, sino de vivos, pues para él todos viven (Lc. 20:38).

Y los que viven según la carne no pueden agradar a *un Dios* (Ro. 8:8).

¿Quién acusará a los escogidos de *un Dios? Un Dios* es el que justifica (Ro. 8:33).

Y el que nos confirma con vosotros en Cristo, y el que nos ungió, es *un Dios* (2 Co. 1:21).

Porque yo por la ley soy muerto para la ley, a fin de vivir para *un Dios* (Gá. 2:19).

Pablo, llamado a ser apóstol de Jesucristo por la voluntad de *un Dios* (1 Co. 1:1).

Como el lector podrá notar, poner el artículo indefinido «un» delante del sustantivo «Dios» en los versículos anteriormente citados resultaría en algo insólito y antibíblico. Ahora bien, eso es precisamente lo que habría que hacer si se siguiese el mismo principio de traducción usado por los editores de la *Traducción del Nuevo Mundo* en el texto de Juan 1:1. Es por ello que quien desee ser fiel a las Escrituras por fuerza tiene que repudiar la mencionada versión.

El principio de la creación de Dios

Otra objeción presentada contra la doctrina de la deidad de Cristo es tomada de las palabras de Apocalipsis 3:14, donde dice:

> Y escribe al ángel de la iglesia en Laodicea: He aquí el Amén, el testigo fiel y verdadero, el principio de la creación de Dios, dice esto:

El argumento, lógicamente, está basado en la expresión «el principio de la creación de Dios», lo cual significa, según dicen los que se oponen a la deidad de Cristo, que Jesús fue el primer ser creado.

Indudablemente, si uno aísla la expresión «el principio de la creación de Dios», parece dar a entender que, efectivamente, Cristo fue la primera criatura. Pero todo lo contrario ocurre cuando tomamos el tenor completo de las Escrituras.

La palabra «principio» se traduce de la palabra griega *arché* y va acompañada del artículo definido, y es la misma palabra usada en Colosenses 1:18 donde dice: «Él... es el principio». Para poder captar con exactitud el significado de la palabra *arché* es necesario ver cómo es usada a través del Nuevo Testamento. Por ejemplo, en Juan 2:11, leemos: «Este principio de señales hizo Jesús en Caná de Galilea». Y en Hebreos 3:14 dice: «Porque somos hechos participantes de Cristo, con tal que retengamos firme hasta el fin nuestra confianza del principio». Claramente vemos que en estos versículos la palabra *arché* significa «comienzo» o «principio» de algo.

Notemos ahora otro uso de la palabra *arché*. Efesios 1:21 dice que Cristo está sentado «sobre todo *principado* y autoridad y poder y señorío, y sobre todo nombre que se nombra, no sólo en este siglo, sino también en el venidero». Y Efesios 3:10 dice: «Para que la multiforme sabiduría de Dios sea ahora dada a conocer por medio de la iglesia a los *principados* y potestades en los lugares celestiales». También en Colosenses 2:10, leemos: «Y vosotros estáis completos en él, que es la cabeza de todo *principado* y potestad». En estos pasajes citados la misma palabra *arché* es traducida «principado», que significa «autoridad», «cabeza», «dominio» o «regidor».

La palabra *arché* es usada en forma compuesta en expresiones que son familiares a nosotros y que nos ayudan a comprender su significado. Por ejemplo, el «sumo sacerdote» es el *archiereús;* el «presidente de la sinagoga» es el *archisynagógos;* el «maestro constructor» es el *architekton*. Sería insensato pensar que el sumo sacerdote (*archiereús*) de cada año fuese el primer sacerdote en existencia.

Teniendo en mente lo antes dicho, volvamos a nuestro texto en Apocalipsis 3:14. Es necesario notar que contextualmente ese versículo es parte de las cartas de Cristo a las siete iglesias de Asia. En cada una de esas cartas, el Señor Jesús se identifica con algo que describe la necesidad o condición de cada una de aquellas iglesias:

> Escribe al ángel de la iglesia en Éfeso: El que tiene las siete estrellas en su diestra, el que anda en medio de los siete candeleros de oro, dice esto: (Ap. 2:1).

Las siete estrellas son los mensajeros (pastores) de las iglesias y los siete candeleros son las siete iglesias (Ap. 1:20). La palabra «tiene» es traducida del griego *kraton,* que significa «sujetar con autoridad». Cristo se presenta como el juez que tiene autoridad y preeminencia sobre las iglesias.

> Escribe al ángel de la iglesia en Esmirna: El primero y el postrero, el que estuvo muerto y vivió, dice esto (Ap. 2:8).

Esmirna era una iglesia que estaba en sufrimiento y tribulación. Cristo se presenta como «el primero y el postrero». Esa expresión indica que Cristo es eterno, y, por lo tanto, es un testimonio de su deidad. Notemos, por ejemplo, esa misma expresión usada con referencia a Jehová en el libro de Isaías:

> ¿Quién hizo y realizó esto? ¿Quién llama las generaciones desde el principio? Yo Jehová, *el primero, y yo mismo con los postreros* (Is. 41:4).

> Así dice Jehová Rey de Israel, y su Redentor, Jehová de los ejércitos: *Yo soy el primero, y yo soy el postrero*, y fuera de mí no hay Dios (Is. 44:6).

> Óyeme, Jacob, y tú, Israel, a quien llamé: yo mismo, yo *el primero*, yo también *el postrero* (Is. 48:12).

Jehová dice que Él es el *primero y el postrero* y Jesús dice que Él es el *primero y el postrero.* Esto nos enseña que Jesús es coigual, coeterno y consustancial con el Padre; de otra manera hubiese sido una blasfemia que Cristo dijese que Él es «el primero y el postrero».

> Y escribe al ángel de la iglesia en Tiatira: El Hijo de Dios, el que tiene los ojos como llama de fuego, y pies semejantes al bronce bruñido, dice esto: (Ap. 2:18).

El Señor se presenta ante Tiatira como «el Hijo de Dios», es decir, en uno de sus títulos de deidad. En Tiatira estaba la falsa profetisa Jezabel que, aunque era profetisa de dioses paganos, estaba corrompiendo a los siervos de Dios. Por lo tanto, nada era más apropiado que el Señor se manifestara a aquella iglesia investido de su poder y autoridad divina.

> Escribe al ángel de la iglesia en Filadelfia: Esto dice el Santo, el Verdadero, el que tiene la llave de David, el que abre y ninguna cierra, y cierra y ninguno abre (Ap. 3:7).

Este solo versículo contiene mucho acerca de la deidad de Cristo, quien se presenta como «el Santo». En el griego, la palabra «Santo» va acompañada del artículo, identificando así la persona del Señor como *el Santo* (Is. 6:3). Jesús es también el Verdadero en el sentido más genuino. Él es la más perfecta realización del ideal divino y no una falsificación (1 Jn. 5:20). Cristo es también el Todopoderoso (Ap. 1:8). Él es el que abre y ninguno cierra, y cierra y ninguno abre.

La última carta de Cristo es dirigida a la iglesia en Laodicea.

> Y escribe al ángel de la iglesia en Laodicea: He aquí el Amén, el testigo fiel y verdadero, el principio de la creación de Dios, dice esto: (Ap. 3:14).

Cristo se presenta a la iglesia en Laodicea como el «Amén», porque Él es el cumplimiento de todas las promesas de Dios. Cristo es el «testigo fiel y verdadero», en contraste con todo lo que es falso y vano. Cristo es «el principio [soberano] de la creación de Dios», porque Él es la causa originadora de todo lo creado, y Él tiene soberanía y potestad sobre toda la creación. Cristo no es el primero (*prótos*) en haber sido creado, sino que Él es el regidor (*arché*) de toda la creación.

A través de la Biblia encontramos un gran número de frases y de títulos usados para describir a Cristo. Pero todas esas frases y títulos enfatizan de una manera clara la deidad de nuestro Señor. He aquí algunos ejemplos:

1. El primogénito de entre los muertos (Col. 1:18).
2. El Alfa y la Omega (Ap. 1:8).
3. El principio y fin (Ap. 1:8).
4. El todopoderoso (Ap. 1:8).
5. El que tiene las llaves de la muerte y del Hades (Ap. 1:18).
6. El primero y el último (Ap. 2:8).
7. El que estuvo muerto y vivió (Ap. 2:8).
8. El que tiene la espada aguda de dos filos (Ap. 2:12).

9. El Hijo de Dios (Ap. 2:18).
10. El que tiene los siete espíritus de Dios (Ap. 3:1).
11. El Santo (Ap. 3:7).
12. El Verdadero (Ap. 3:7).
13. El que tiene la llave de David (Ap. 3:7).
14. El que abre y ninguno cierra, y cierra y ninguno abre (Ap. 3:7).
15. El Amén (Ap. 3:14).
16. El testigo fiel y verdadero (Ap. 3:14).
17. El principio (soberano) de la creación de Dios (Ap. 3:14).
18. El Verbo de Dios (Ap. 19:13).
19. El sustentador de todas las cosas (He. 1:3).
20. El heredero de todo (He. 1:4).
21. El Autor de la vida (Hch. 3:15).
22. La luz verdadera (Jn. 1:9).
23. La imagen del Dios invisible (Col. 1:15).
24. El Rey de reyes y Señor de señores (Ap. 19:16).
25. Dios (He. 1:8; Jn. 1:1; 20:28).

Todos estos títulos describen a la persona delante de quien se doblará toda rodilla de los que están en los cielos y en la tierra y debajo de la tierra y de quien toda lengua ha de confesar que Él es *Señor* para la gloria de Dios el Padre (Fil. 2:10-11). Pensar que toda lengua ha de llamar Señor a un ser creado y que toda rodilla se ha de doblar delante de quien solo es una «deidad menor» es total y absolutamente inverosímil. Por el contrario, pensar que toda lengua ha de confesar como Señor, y que toda rodilla ha de doblarse en humillación y reconocimiento ante quien en verdad es Fuente y Causa de la creación, coigual, consustancial y coeterno con el Padre y el Espíritu Santo es motivo de alabanza y gratitud por toda la eternidad.

La Palabra de Dios dice:

> Que si confesares con tu boca que Jesús es el Señor y creyeres en tu corazón que Dios le levantó de los muertos, serás salvo (Ro. 10:9).

Todo aquel que confiesa a Cristo como Señor aquí en la tierra, ha de gozar de las bendiciones celestiales por toda la eternidad. Y todo aquel que rehúsa confesar a Cristo como Señor, aquí en la tierra, un día tendrá que hacerlo de todas maneras, aunque entonces será desde el infierno eterno.

El apóstol Tomás se humilló delante de Cristo y le dijo: «Señor mío, y Dios mío» (Jn. 20:28).

El apóstol Pablo dice que Cristo es «Dios sobre todas las cosas, bendito por los siglos. Amén» (Ro. 9:5). El apóstol Juan declara que Jesucristo es «el verdadero Dios y la vida eterna» (1 Jn. 5:20). Jesús dijo a los judíos incrédulos:

> Por eso os dije que moriréis en vuestros pecados; porque si no creéis que yo soy, en vuestros pecados moriréis (Jn. 8:24).

Para el verdadero creyente, la doctrina bíblica de la deidad de Cristo proporciona la seguridad y la confortación espiritual de saber en quién ha creído. Para el incrédulo que niega que Jesús es lo que la Biblia dice que es, las palabras del Señor «en vuestros pecados moriréis» constituyen una sentencia definitiva.

De modo que Cristo es «la imagen del Dios invisible» en el sentido de que es la representación y la manifestación visible del Dios eterno. El Hijo unigénito ha dado a conocer a Dios a los hombres. Además, Jesús es «el primogénito de toda creación» no porque Él haya sido creado, sino porque antecede a cualquier cosa creada en cuanto a tiempo y porque está por encima de toda cosa creada en lo que respecta a rango. Finalmente, el hecho de que en Cristo «habita corporalmente toda la plenitud de la Deidad» no podría significar otra cosa sino que Él es Dios en toda la plenitud del significado de dicha palabra.

8

Conclusión

El tema central de este libro ha sido presentar la doctrina bíblica de la deidad de Cristo. Como se ha subrayado varias veces, esta es una doctrina fundamental para el cristiano. El cristianismo es una fe trinitaria. Si Jesucristo no es Dios, entonces no habría un Dios Trino. Si Dios no existe en tres personas no puede haber cristianismo. De modo que si Jesucristo no es Dios, el cristianismo sería una religión falsa.

Sin embargo, debe subrayarse que al enfatizar la doctrina de la deidad de Cristo no se pretende en modo alguno minimizar o pasar por alto su humanidad. Que quede bien claro, pues, que Jesucristo es hombre perfecto, sin pecado. La persona divina de Dios el Hijo tomó para sí la naturaleza humana. Jesús es, por lo tanto, el Dios hombre o el *Theánthropos*.

Desde el momento de la encarnación y por toda la eternidad, Jesús es el Dios hombre.

La humanidad de Cristo puede demostrarse bíblicamente, al igual que su deidad, mediante el examen de sus nombres o títulos, sus afirmaciones y sus obras. Además, es de vital importancia el hecho de que las Escrituras específicamente recalcan las características humanas de Jesús: 1) la profecía lo presenta como la simiente de la mujer (Gn. 3:15; Is. 7:14), 2) los Evangelios afirman que tuvo un nacimiento humano (Lc. 1:30-38; 2:1-20, véase además Gá. 4:4);

3) Jesús tuvo una niñez humana (Lc. 2:40, 52); 4) experimentó toda clase de situaciones humanas (excepto el pecado): tuvo hambre (Mt. 4:2), cansancio (Jn. 4:6), sueño (Mt. 8:24), sed (Jn. 19:28), fue tentado (Mt. 4:1), tuvo dolor y sufrimiento (Is. 53:5), tristeza (Mt. 26:38), experimentó la muerte (1 Co. 15:3); y 5) Jesús se refirió a sí mismo como hombre (Jn. 8:40; véase también 1:30). Él se hizo hombre por toda la eternidad (Jn. 1:14; 1 Ti. 2:5) y, como *hombre*, juzgará a toda la humanidad.

Ahora bien, Jesús es una persona divina, y así es presentado por todos los escritores del Nuevo Testamento. Él es «nuestro gran Dios y Salvador Jesucristo» (Tit. 2:15), el «Autor de la vida» (Hch. 3:15), el Santo Hijo de Dios (Hch. 4:27, 13:35), Él es el Rey de reyes y el Señor de señores (Ap. 19:16). En resumen, la Palabra de Dios enseña, de manera equilibrada, tanto la deidad como la humanidad de Cristo. Ambas verdades deben ser reconocidas, creídas y proclamadas por todo aquel que respete la autoridad de las Escrituras.

Tan peligroso y antibíblico es negar la absoluta deidad de Cristo como negar su perfecta humanidad. El exégeta fiel de las Escrituras procura siempre presentar ambas verdades equilibradamente. El único mediador entre Dios y los hombres es Jesucristo hombre (1 Ti. 2:5). Pero Jesucristo también «es el verdadero Dios y la vida eterna» (1 Jn. 5:20). Jesucristo no es un hombre que evolucionó al nivel de Dios, ni es un Dios imperfecto que tuvo que humanarse para llegar a la realización perfecta de su existencia.

Jesucristo ha sido uno con el Padre y el Espíritu por toda la eternidad. Él no dejó de ser Dios durante el tiempo de su encarnación ni después de dicha experiencia. La encarnación de Dios sí es un misterio, pero jamás un mito. La iglesia cristiana, a lo largo de su historia, ha reconocido la importancia de dar igual énfasis tanto a la deidad como a la humanidad del Señor. Es más, en lo que respecta a la doctrina de la salvación, tan importante es la realidad de la deidad de Cristo como la de su humanidad. Es por ello que la iglesia ha defendido vehementemente ambas doctrinas.

En nuestros días, la batalla teológica respecto a la cuestión de «¿quién es Jesucristo?» continúa con gran furor. Hoy, como en épocas pasadas, existen dos acercamientos a la cristología: 1) el racionalista, humanista o antisobrenaturalista, y 2) el bíblico exegético, histórico y sobrenaturalista. El primero se basa sobre la lógica humana, supuestos postulados científicos, conceptos racionalistas que afirman aceptar como real solo lo que es científicamente verificable. El segundo grupo acepta la realidad de la revelación divina, acepta el método científico de investigación, pero sin hacer de la ciencia un dios. Afirma, además, que el Dios eterno se ha revelado en la persona de Jesucristo. En fin, para el segundo grupo la fuente primordial de conocimiento es la Palabra de Dios. El expositor fiel y serio de las Sagradas Escrituras tiene la responsabilidad de confrontar con autoridad a quienes rechazan las enseñanzas de la Biblia. Los Evangelios y el libro de Hechos son documentos históricos, no son ni mitos ni fantasías. Son documentos confiables escritos por testigos fieles y honestos que registraron acontecimientos reales.

Es más, los 27 libros del Nuevo Testamento atestiguan el hecho de que Jesucristo demostró ser el Mesías prometido en las Escrituras del Antiguo Testamento. El Mesías, como lo confirmó el sumo sacerdote Caifás (Mt. 26:62-65), tenía que ser el Hijo de Dios que equivalía a ser Dios. Fue debido a que Caifás y el Sanedrín rehusaron reconocer esa verdad que Jesucristo fue condenado a muerte.

El testimonio inequívoco del Nuevo Testamento apoya la afirmación de que Cristo es una persona divina que manifestó las características o atributos que solo pertenecen a Dios. El Antiguo Testamento profetiza que el Mesías tiene que ser Dios manifestado en carne (véanse Is. 7:14, 9:6-7; Mi. 5:2; Zac. 14:1-4). De igual manera, el Nuevo Testamento confirma las profecías del Antiguo Testamento (véanse Mt. 1:21-23; Mr. 2:5-11; Lc. 1:30-35, Jn. 1:1-3; 5:16-18; 8:58; 10:30-33; 20:30-31). Cristo es el único y suficiente Salvador de pecadores. Es único porque no hay otro, y suficiente porque no hace falta otro.

Finalmente, debe mencionarse el hecho de la resurrección de Cristo. Ese acontecimiento, aunque debatido por muchos e igualmente negado por los incrédulos, es la demostración palpable de su deidad. Todas las veces que se menciona su muerte en los Evangelios también se menciona su resurrección (véanse Mt. 16:21, Mr. 8:31; Lc. 9:22; Mt. 17:22-23; Mr. 9:31; Mt. 20:18-19; Mr. 10:33-34; Lc. 18:32-33). Cuando los discípulos fueron a la tumba de Jesús la encontraron vacía (Mt. 28:1-8; Mr. 16:1-8; Lc. 24:1-12). Posteriormente, Jesús apareció a sus discípulos y ellos dieron testimonio de su resurrección. El sermón de Pedro el día de Pentecostés tuvo como base la resurrección de Cristo (Hch. 2:22-33). El apóstol Pablo escribe la más formidable exposición respecto a la resurrección de Cristo registrada en el Nuevo Testamento en 1 Corintios 15. El apóstol afirma que, sin la resurrección de Cristo, el cristianismo sería imposible. Si Cristo no resucitó de los muertos no habría evangelio, ni salvación, ni esperanza eterna. Por lo tanto, la resurrección de Cristo es la prueba más palpable de su deidad.

Apéndice 1

Síntesis de las principales herejías acerca de la persona de Cristo

Grupo	*Siglo*	*Humanidad*	*Deidad*
Ebionitas	I	afirmada	negada
Docetas	II	negada	reducida
Arrianos	IV	reducida	mutilada
Apolinaristas	IV	reducida	afirmada
Nestorianos	V	afirmada*	afirmada
Eutiquianos	V	reducida**	reducida
Adopcionistas	VIII	afirmada	negada
Socinianos	XVI	afirmada	negada
Liberales	XVIII-XIX	afirmada	negada
Unitarios	XIX	afirmada	negada
Neo-ortodoxos	XX	afirmada	¿ ?***
Liberalismo contemporáneo	XX	afirmada	negada

* Los nestorianos dividían la persona de Cristo.

** Los eutiquianos mezclaban las naturalezas de Cristo, haciendo de Él un ser intermedio entre Dios y el hombre.

*** El concepto neo-ortodoxo tocante a la deidad de Cristo es extremadamente complejo de definir debido a la gran variedad de opiniones existente entre ellos.

Apéndice 2

Los siete grandes Concilios

Concilio	*Fecha*	*Importancia*
Nicea I	325 d.C.	Declaró que el Hijo es de la misma sustancia que el Padre, en oposición a Arrio, que consideraba al Hijo de sustancia distinta a la del Padre.
Constantinopla I	381 d.C.	Confirmó y formuló el llamado Credo de Nicea. Condenó la posición de Apolinar, que negaba la perfecta humanidad de Cristo. También condenó el macedonianismo que negaba la deidad del Espíritu Santo.
Éfeso	431 d.C.	Rechazó la posición de Nestorio, porque amenazaba con separar a la persona de Cristo.
Calcedonia	451 d.C.	Culminó la controversia cristológica y formuló lo que ha sido considerado como la doctrina ortodoxa de la relación entre las dos naturalezas de Cristo. Este Concilio condenó el monofisitismo promovido por Eutiques.

Concilio	*Fecha*	*Importancia*
Constantinopla II	553 d.C.	Rechazó el punto de vista de los tres prominentes teólogos de Antioquía (y los famosos «tres capítulos»), y de ese modo aprobó la interpretación que Cirilo había dado a las deliberaciones de Calcedonia.
Constantinopla III	680-681 d.C.	Formuló la doctrina concerniente a las dos naturalezas de Cristo. La conclusión fue que Cristo tenía dos voluntades, existiendo una perfecta armonía entre ambas. Su voluntad humana estaba siempre en sujeción a su voluntad divina.
Nicea II	787 d.C.	Declaró la legitimidad de la reverenciación de cuadros e imágenes representando realidades divinas.

Apéndice 3*

Cristo=Dios

Cristo=Dios

Jesucristo es la imagen del Dios invisible (Jn. 14:9; 2 Co. 4:4; Col. 1:15).

Jesucristo es la imagen misma de la sustancia de Dios (He. 1:3).

Jesucristo es Dios manifestado en carne (Jn. 1:1, 14; 1 Ti. 3:16).

Jesucristo es una misma cosa con Dios (Jn. 10:30; 12:44, 45; 14:7-9; 17:21, 22).

Jesucristo está en Dios, y Dios está en Cristo (Jn. 8:16; 10:38; 14:10, 11, 20; 17:21; 2 Co. 5:19).

En Jesucristo habita corporalmente toda la plenitud de la Deidad (Col. 2:9).

Dios manifestado en carne es el gran misterio de la piedad (1 Ti. 3:16).

* Del libro *Enciclopedia de concordancias, tópicos y bosquejos bíblicos* (Terrassa: Editorial CLIE, 1980). Usado con permiso.

Títulos dados igualmente a Jesucristo y a Dios

Dios	Jesucristo
	Dios
Dt. 4:39 2 S. 7:22 1 R. 8:60 2 R. 19:15 1 Cr. 17:20 Sal. 86:10 Is. 45:6 Is. 46:9 Mr. 12:32	Is. 40:3 *con* Jn. 1:23 *y* Jn. 3:18 Sal. 45:6, 7 *con* He. 1:8, 9 Jn. 1:1 Ro. 9:5 Tit. 2:13 1 Jn. 5:20
	Solo Dios verdadero
Jn. 17:3	1 Jn. 5:20
	Dios fuerte
Neh. 9:32	Is. 9:6
	Dios Salvador
Is. 45:15, 21 Lc. 1:47 Tit. 3:4	2 P. 1:1 Tit. 2:13 Jud. 25
	Jehová
Éx. 3:15	Is. 40:3 *con* Mt. 3:3 *y* Jn. 1:23
	Jehová de los ejércitos
1 Cr. 17:24 Sal. 84:3 Is. 51:15 Jer. 32:18 Jer. 46:18	Sal. 24:10 Is. 6:1-5 *con* Jn. 12:41 Is. 8:13 Is. 54:5

El Señor	
Mt. 11:25 Mt. 21:9 Mt. 22:37 Mr. 11:9 Mr. 12:29 Ro. 10:12 Ap. 11:15	Lc. 2:11 Jn. 20:28 Hch. 10:36 1 Co. 2:8 1 Co. 8:6 *con* Ef. 4:5 1 Co. 12:3, 5 Fil. 2:11
Único Señor	
Mr. 12:29 *con* Dt. 6:4	1 Co. 8:6 Ef. 4:5
Jehová y Salvador. Señor y Salvador	
Is. 43:11 Is. 60:16 Os. 13:4	2 P. 1:11 2 P. 2:20 2 P. 3:18
Salvador	
Is. 43:3, 11 Is. 60:16 1 Ti. 1:1 1 Ti. 2:3 Tit. 1:3 Tit. 2:10 Tit. 3:4 Jud. 25	Lc. 1:69 Lc. 2:11 Hch. 5:31 Ef. 5:23 Fil. 3:20 2 Ti. 1:10 Tit. 1:4 Tit. 3:6
Único Salvador	
Is. 43:11 Os. 13:4	Hch. 4:12 1 Ti. 2:5, 6
Salvador de todos los hombres y del mundo	
1 Ti. 4:10	1 Jn. 4:14

continúa en la página siguiente…

El Santo de Israel	
Sal. 71:22 Sal. 89:18 Is. 1:4 Is. 45:11	Is. 41:14 Is. 43:3 Is. 47:4 Is. 54:5
Rey de reyes y Señor de señores	
Dt. 10:17 1 Ti. 6:15, 16	Ap. 17:14 Ap. 19:16
Yo soy	
Éx. 3:14	Jn. 8:58
El primero y el último	
Is. 41:4 Is. 44:6 Is. 48:12	Ap. 1:11, 17 Ap. 2:8 Ap. 22:13
El Esposo de Israel y de la Iglesia	
Is. 54:5 Is. 62:5 Jer. 3:14 Os. 2:16	Jn. 3:29 2 Co. 11:2 Ap. 19:7 Ap. 21:9
El Pastor	
Sal. 23:1	Jn. 10:11, 14 He. 13:20

JESUCRISTO ES LLAMADO...

El verdadero Dios, y la vida eterna (1 Jn. 5:20).
Dios sobre todas las cosas (Ro. 9:5).
Nuestro gran Dios y Salvador (Tit. 2:13).
El Señor (Mt. 3:3; Mr. 1:3; Lc. 1:76; 3:4; Jn. 1:23; 13:13).
Señor y Dios (Jn. 20:28).
El Señor de todos (Hch. 10:36; Ro. 10:12).
El Señor (por David, Sal. 110:1 *con* Mt. 22:43-45; Mr. 12:38; Lc. 20:42-44; Hch. 2:34).

El Señor, Jehová, el pastor (Is. 40:10, 11 *con* He. 13:20).
El Rey de gloria, el Señor de gloria (Sal. 24:8, 10; 1 Co. 2:8; Stg. 2:1).
El Señor, el ángel del pacto (Mal. 3:1 *con* Lc. 7:27).
Jehová el fuerte y valiente (Sal. 24:8).
Jehová, justicia nuestra (Jer. 23:6 *con* 1 Co. 1:30).
Emanuel, Dios con nosotros (Is. 7:14 *con* Mt. 1:23).
El Santo de los santos (Dn. 9:24 *con* 1 S. 2:2).
El Alfa y la Omega, el principio y el fin (Ap. 1:8, 11, 17; 21:6; 22:13).
El soberano de los reyes de la tierra (Ap. 1:5).
La Palabra de Dios (Jn. 1:1; 1 Jn. 1:1; Ap. 19:13 *con* Gn. 3:8).
El ángel de la faz de Jehová (Is. 63:9).

Perfecciones atribuidas igualmente a Jesucristo y a Dios

Dios	Jesucristo
Es eterno.	
Dt. 33:27 Sal. 90:2 Sal. 93:2 Sal. 102:12 Sal. 146:10 Is. 9:6 Is. 40:28 Dn. 4:34 Hab. 1:12 Ro. 16:26	Dn. 7:14 Mi. 5:2 Jn. 1:1 Jn. 8:58 Jn. 17:5, 24 Col. 1:17 He. 1:8 *con* Sal. 45:6 He. 13:8 Ap. 1:18
Existe desde antes de la constitución de todas las cosas.	
Gn. 1:1, 2 Sal. 90:2 Pr. 8:22 Jn. 1:1	Pr. 8:22-30 Jn. 1:1, 2 Jn. 17:5, 24 Col. 1:17

continúa en la página siguiente…

Es inmutable.	
Sal. 33:11	Sal. 102:26, 27 *con* He. 1:11, 12
Mal. 3:6	He. 1:12
He. 6:17, 18	Lc. 21:33
Stg. 1:17	He. 13:8
Es todopoderoso.	
Dt. 10:17	Mt. 28:18
Job 37:23	Ef. 1:21
Sal. 147:5	Ef. 3:20
Jer. 32:17	Col. 2:10
Ro. 1:20	He. 1:3
Ef. 1:19	Ap. 3:7
Puede salvar.	
Is. 43:11	Is. 63:11
Is. 45:21	Lc. 23:42, 43
Ro. 5:10	Jn. 10:9, 28
2 Co. 13:4	He. 7:25
Stg. 4:12	Ap. 3:21
Puede destruir.	
Gn. 6:13, 17	Sal. 2:9, 12
Sal. 94:23	Is. 11:4
Mt. 10:28	1 Co. 15:24-26
Lc. 12:5	2 Ts. 1:7-9
Stg. 4:12	2 Ts. 2:8
Es inescrutable.	
Job 11:7-9	Pr. 30:4
Ro. 11:33, 34	Mt. 11:27
	Lc. 10:22
Es omnipotente.	
1 R. 8:27	Mt. 28:18
Sal. 139:1-13	Mt. 28:20
Pr. 15:3	Jn. 1:43, 45
Jer. 23:23, 24	Jn. 3:13
Am. 9:2, 3	Ef. 4:10

Es omnisciente.	
Sal. 139:1-6 Pr. 15:11 Ec. 12:14 Dn. 2:22 Hch. 15:18 He. 4:13	Mt. 17:27 Jn. 4:16-19, 29 Jn. 16:30 Jn. 21:6, 11 Col. 2:3 Ap. 2:19
Escudriña y conoce los corazones.	
1 R. 8:39 1 Cr. 28:9 1 Cr. 29:17 Sal. 7:9 Sal. 44:21 Sal 139:2-4 Jer. 11:20 Jer. 17:10 Jer. 20:12 Ez. 11:5 Lc. 16:15 Hch. 15:8	Mt. 9:2-4 Mt. 12:25 Mt. 16:7, 8 Mr. 2:6-8 Lc. 5:22 Lc. 6:8 Lc. 9:47 Jn. 2:24, 25 Jn. 6:64, 70 Jn. 21:17 Hch. 1:24 Ap. 2:23
Sabe lo futuro.	
Éx. 3:19 Dt. 31:16 Is. 42:9 Is. 43:12 Is. 44:7, 8 Is. 45:21 Is. 46:10 Is. 48:3, 5 Dn. 2:28, 29 Ap. 22:6	Mt. 16:21 Mt. 24:3-36 Mt. 26:2, 21 Mr. 10:32-34 Mr. 14:13, 16 Lc. 19:41-44 Lc. 21:7-36 Jn. 6:64 Jn. 13:1 Jn. 18:4
Es bueno.	
Mt. 19:17 Mr. 10:18 Lc. 18:19	2 Co. 10:1 Hch. 10:38 Mt. 11:28-30

continúa en la página siguiente...

<table>
<tr><th colspan="2">Es santo.</th></tr>
<tr><td>Lv. 19:2
Lv. 20:26
1 S. 2:2
Sal. 99:9
Ap. 4:8</td><td>Dn. 9:24
Hch. 3:14
Hch. 4:27
Ap. 3:7
Ap. 15:4</td></tr>
<tr><th colspan="2">Es verdadero.</th></tr>
<tr><td>Éx. 34:6
Dt. 32:4
Jn. 7:28
Jn. 17:3</td><td>Jn. 1:14
Jn. 14:6
1 Jn. 5:20
Ap. 3:7</td></tr>
<tr><th colspan="2">Es justo.</th></tr>
<tr><td>Sal. 7:9
Sal. 11:7
Sal. 48:10
Sal. 71:19
Sal. 89:14
Sal. 97:2
Sal. 116:5
Sal. 119:137</td><td>Sal. 45:7
con He. 1:9
Is. 11:5
Is. 32:1
Jer. 23:5
Hch. 3:14
Hch. 7:52
Hch. 22:14
1 Jn. 2:1</td></tr>
<tr><th colspan="2">Es la vida.</th></tr>
<tr><td>Dt. 30:20
Sal. 27:1
Sal. 36:9</td><td>Jn. 11:25
Jn. 14:6
Col. 3:4</td></tr>
<tr><th colspan="2">Por Él y para Él son todas las cosas.</th></tr>
<tr><td>Ro. 11:36</td><td>1 Co. 8:6</td></tr>
<tr><th colspan="2">Es todo en todos.</th></tr>
<tr><td>1 Co. 15:28</td><td>Col. 3:11</td></tr>
</table>

El Espíritu Santo es...

El Espíritu de Dios	*El Espíritu de Cristo*
Ro. 8:14 1 Co. 2:11 1 Co. 6:11 Ef. 4:30 1 P. 4:14	Hch. 16:6, 7 Ro. 8:9 Fil. 1:19 Gá. 4:6 1 P. 1:11

Obras y actos atribuidos por igual a Jesucristo y a Dios

Dios	**Jesucristo**
Ha creado el mundo y todas las cosas visibles e invisibles.	
Neh. 9:6 Sal. 146:6 Is. 44:24 Jer. 27:5 Hch. 14:15 Hch. 17:24	Sal. 33:6 Jn. 1:3, 10 1 Co. 8:6 Ef. 3:9 Col. 1:16 He. 1:2, 10
Sostiene y conserva todas las cosas.	
Sal. 104:5-9 Jer. 5:22 Jer. 31:35	Col. 1:17 He. 1:3 Jud. 1
Obra todas las cosas en todos.	
1 Co. 12:6 Ef. 1:23	Col. 3:11 Fil. 4:13
Es el autor de la salvación.	
Gn. 49:18 Sal. 3:8 Jon. 2:10 Is. 25:9 Tit. 3:4 Ap. 7:10	Hch. 4:12 2 Ti. 2:10 He. 2:10 He. 5:9 Ap. 7:10

continúa en la página siguiente...

Ha rescatado a su pueblo.	
Sal. 31:5	Ef. 1:7
Is. 43:1-4	Col. 1:14
Is. 44:21-23	He. 9:12-15
Is. 63:16	1 P. 1:18, 19
Hch. 20:28	Ap. 5:9
Ha resucitado a Cristo.	
Hch. 2:24	Jn. 2:19
Ef. 1:20	Jn. 10:18
Resucita a los muertos.	
Ro. 4:17	Jn. 5:21, 28, 29
1 Co. 6:14	Jn. 6:39, 40, 44, 54
2 Co. 1:9	Jn. 11:25
2 Co. 4:14	Fil. 3:20, 21
Comunica el poder de hacer milagros.	
Éx. 4:21	Mt. 10:1, 8
Dt. 6:22	Mr. 3:14, 15
Mt. 9:8	Mr. 6:7
Jn. 3:2	Lc. 9:1
Hch. 10:38	Lc. 10:19
Hch. 15:12	Hch. 9:34
Hch. 19:11	Hch. 14:3
He. 2:4	1 Co. 5:4
Es el autor de la vida espiritual.	
Is. 38:16	Jn. 1:4
Ef. 2:5	Jn. 6:57
Col. 2:13	Gá. 2:20
Es el autor de la regeneración.	
1 Jn. 5:18	1 Jn. 2:29

Bibliografía

Libros

Aquino, Tomás: *Suma Teológica* (Tomos II-III), Madrid: Biblioteca de Autores Cristianos, 1959.

Arndt, William F., Wilbur Gingrich. *A Greek–English Lexicon of the New Testament and Other Christian Literature*. Chicago: University of Chicago Press, 1979.

Bainton, Roland H. *The Reformation of the Sixteenth Century*. Boston: The Beacon Press, 1963.

Berkhof, Louis. *The History of Christian Doctrine*. Londres: The Banner of Truth, 1969.

—: *Introducción a la teología sistemática*. Grand Rapids: T.E.L.L., 1932.

—: *Teología sistemática*. Grand Rapids: T.E.L.L., 1976.

Berkouwer, G. C. *The Person of Christ*. Grand Rapids: William B. Eerdmans Publishing Company, 1973.

—: *The Work of Christ*. Grand Rapids: William B. Eerdmans Publishing Company, 1980.

Bickersteth, Edward Henry. *The Trinity*. Grand Rapids: Kregel Publications, 1976,

Boer, Harry R. *A Short History of the Early Church*. Grand Rapids: William B. Eerdmans Publishing Company, 1976.

Boff, Leonardo. *Jesús Cristo Libertador*, Petrópolis: Vozes, 1972.

Bronner, Emil. *The Mediator: A Study of the Central Doctrine of the Christian Faith*. Londres: James Clarke and Co. Ltd., 1934.

Brown, Colin. *Karl Barth and the Christian Message*. North Wells, Ill.: Inter-Varsit y, 19t67.

—: *Philosophy and the Christian Faith*. Londres: Tyndale, 1969.

—: (ed.) *The New International Dictionary of New Testament Theology* (3 vols.). Grand Rapids: Zondervan Publishing House, 1975-1978.

Brauman, G. *The New International Dictionary of New Testament Theology*. Grand Rapids: Zondervan Publishing House, 2012.

Bultmann, Rudolf Karl. *Jesus Christ and mythology*. Londres: SCM Press, 2012.

Cairns, Earle E. *Christianity Through the Centuries: A History of the Christian Church*. Grand Rapids: Zondervan Publishing House, 1958.

Calvino, Juan. *Institución de la religión cristiana*. Traducido y publicado por Cipriano de Valera (1597); reeditada por Luis de Usoz y Río (1858); nueva edición revisada (1967) (vol. I), Holanda: Fundación Editorial de Literatura Reformada, 1968.

Cousins, E. H. (ed.). *Process Theology*. Nueva York: Newman Press, 1971.

Clark, Gordon H. *Karl Barth's Theological Method*. Grand Rapids: Baker Book House, 1963.

Conn, Harvie M. *Teología contemporánea en el mundo*. Grand Rapids: Subcomisión de Literatura Cristiana, s. f.

Cullmann, Oscar. *Cristología del Nuevo Testamento*. Buenos Aires: Methopress, 1965.

Dana, H. E. y Mantey, J. R. *Gramática griega del Nuevo Testamento*. El Paso: Casa Bautista de Publicaciones, 1979.

Dillenberger, John y Claude Welch. *Protestant Christianity*. Nueva York: Charles Scribner's Sons, 1954.

Duquoc, Christian. *Cristología: Ensayo dogmático sobre Jesús de Nazaret, el Mesías*. Salamanca: Ediciones Sígueme, 1978.

Enns, Paul. *Compendio Portavoz de Teología*. Grand Rapids: Editorial Portavoz, 2018.

Erickson, Millard J. *The Word became Flesh: A Contemporary Incarnational Christology*. Grand Rapids: Baker Book House, 1991.

Feinberg, John S. *No One Like Him: The Doctrine of God*. Wheaton: Crossway Books, 2001.

Fuller, Reginald H. *The Foundations of New Testament Christology*. Londres: Lutterworth Press, 1965.

García Cordero, Maximiliano. *Teología de la Biblia*, Tomos II y III. Madrid: Biblioteca de Autores Cristianos, 1972.

Guerrero, José Ramón. *El otro Jesús*. Salamanca: Sígueme, 1978.

Gonzaga, Javier. *Concilios* (2 tomos). Grand Rapids: International Publications, 1965.

González, Justo L. *Historia del pensamiento cristiano* (2 tomos). Buenos Aires: Methopress, 1965.

Grudem, Wayne. *Teología sistemática: Una introducción a la doctrina bíblica*. Miami: Editorial Vida, 2007.

Gutiérrez Marín, Manuel. *Enrique Bullinger: La segunda confesión helvética*. Barcelona: Producciones Editoriales del Nordeste, 1978.

Guthrie, Donald. *New Testament Theology*. Leicester: Inter-Varsity, 1990.

Heick, Otto W. *A History of Christian Thought*, vol. I. Filadelfia: Fortress Press, 1976.

Hick, John (editor). *The Myth of God incarnated*. Reissue: Hymns Ancient & Modern Ltd., 1977.

Hipólito de Roma. *Philosophumena*. Siglo III.

Ireneo. *Adversus haereses* (Contra las herejías). Siglo II.

Justino. *Apologías*. Siglo II.

Kasper, Walter: *Jesús el Cristo*. Salamanca: Sígueme, 1979.

Horst Blaz y Gerhard Schneider. *Diccionario exegético del Nuevo Testamento (dos tomos)*, Salamanca: Ediciones Sígueme, 2005.

Kittel, Gerhard (ed.): *Theological Dictionary of the New Testament*, vol. IV. Grand Rapids: William B. Eerdmans Publishing Company, 1967.

Klotsche, E. H. *The History of Christian Doctrine*. Grand Rapids: Baker Book House, 1979.

Kümmel, Wern G. *The New Testament: The History of the Investigation of its Problems*. Nashville: Abingdon Press, 1972.

Küng, Hans. *Ser cristiano*. Madrid: Ediciones Cristiandad, 1977.

Lacueva, Francisco. *La persona y la obra de Jesucristo*. Terrassa: Editorial CLIE, 1979.

Ladd, George E. *A Theology of the New Testament*. Grand Rapids: William B. Eerdmans Publishing Company, 1974.

Lenski, Richard C. H. *The Interpretation of St. Matthew's Gospel.* Minneapolis: Augsburg, 1943.

Marshall, I. Howard. *The Origins of New Testament Christology.* Downers Grove, Ill.: Inter Varsity, 1976.

Mackintosh, H. R. *The Doctrine of the Person of Jesus Christ.* Edimburgo: T. & T. Clark, 1914.

Mackintosh, Hugh. *Corrientes teológicas contemporáneas.* Buenos Aires: Methopress, 1964.

McClendon, James W.: *Teólogos destacados del siglo xx.* El Paso: Casa Bautista de Publicaciones, 1969.

Osden, Thomas S. *Systematic Theology, Volume Two* "The Word of Life". Peabody: MA: Prince Press, 1998.

Pannenberg, Wolfhart. *Fundamentos de cristología.* Salamanca: Sígueme, 1973.

—: *La fe de los apóstoles.* Salamanca: Sígueme, 1975.

Pelikan, Jaroslaw (ed.). *Luther's Works,* vol. 22. San Luis: Concordia Publishing Company, 1957.

Pentecost, J. Dwight. *The Words and Works of Jesus Christ.* Grand Rapids: Zondervan Publishing House, 1981.

Ramm, Bernard. *Protestant Biblical Interpretation.* Boston: W. A. Wilde, 1956.

—: *A Handbook of Contemporary Theology.* Grand Rapids: William B. Eerdmans Publishing Company, 1974.

—: *Hermeneutics.* Grand Rapids: Baker Book House, 1974.

Reymond, Robert L. *Introductory Studies in Contemporary Theology.* Filadelfia: Presbyterian and Reformed Publishing Company, 1968.

Robert, W.; Roy W. Hoover, and The Jesus Seminar. *The Five Gospels: The Search for the Authentic Words of Jesus.* San Francisco: Harper, 1998.

Russell, Jeffrey Burton. *A History of Medieval Christianity.* Nueva York: Thomas Y. Crowell, 1968.

Schaff, Philip. *History of the Christian Church,* (8 vols.). Grand Rapids: William B. Eerdmans Publishing Company.

—: *The Creeds of Christendom (vol. 1).* Grand Rapids: Baker Books, 1983.

—: *Ante-Nicene Fathers, vol. III.* Peabody, MA: Hendrickson, 1999.

Schillebeeckx, Edward. *Jesus: An Experiment in Christology*. Nueva York. Seabury Press, 1979.

Seeberg, Reinhold: *Manual de historia de las doctrinas,* (2 tomos). El Paso: Casa Bautista de Publicaciones, 1963.

Sobrino, John. *Cristología desde América Latina*. México: Ediciones CRT, 1977.

Terry, Milton S. *Biblical Hermeneutics*, Grand Rapids: Zondervan, s. f.

Van Til, Cornelius. *The New Modernism*. Filadelfia: Presbyterian and Reformed Publishing Company, 1973.

—: *Barth's Christology*. Grand Rapids: Baker Book House, 1962.

Vermes, Geza. *Jesus the Jew: A Historian Reading of the Gospels*. Filadelfia: Fortress Press, 1973.

Welch, Claude. *God and Incarnation*. Nueva York: Oxford University Press, 1965.

Yamauchi, Edwin M. *Pre-Christian Gnosticism*. Grand Rapids: William B. Eerdmans Publishing Company, 1973.

Zuck, Roy B. *La interpretación básica de la Biblia*. Morelia: Berean Publishing Co. 2008.

Artículos

Braaten, Carl E. «Who do we Say that He is? On the Uniqueness and Universality of Jesus Christ». *Occasional Bulletin*, enero, 1980.

Bowker, John. «The Son of Man». *Journal of Theological Studies*, abril, 1973, pp. 19-48.

Hitt, Russell T. «Identity Crisis: "Who are Men Saying I Am?"». *Eternity*, diciembre, 1980.

Johnson, Jr., S. Lewis. «The Jesus that Paul Preached». *Bibliotheca Sacra*, abril, 1971.

—: «Christ Pre-eminent». *Bibliotheca Sacra*, enero, 1962.

Kilgallen, John J. «The Messianic Secret and Mark's Purpose». *Biblical Theology*, Bulletin, enero, 1977.

Kingsbury, Jack Dean. «The Title "Son of Man" in Matthew's Gospel». *The Catholic Biblical Quarterly*, abril, 1975.

Knox, Wilfred L. «The "Divine Hero" Christology in the New Testament». *Howard Theological Review*, vol. 41, 1948.

Liefeld, Walter L. «The Hellenistic "Divine Man" and the Figure of Jesus in the Gospels». *Journal of the Evangelical Theological Society*, otoño, 1973.

Lehmann, Paul L. «The Theology of Crisis». *The New Schaff Herzog Religious Encyclopedia*. Grand Rapids: Baker Book House, 1955.

Lewis Johnson, S. «Christ Pre-eminent», *Bibliotheca Sacra*, enero, 1962.

Mantey, Julius. «Carta abierta a los traductores de la Traducción del Nuevo Mundo», s. f.

McDonald, H. D. «Christ's Two Natures: The Significance of Chalcedon Today». *Christianity Today*, 26 septiembre, 1975.

Moltmann, Jürgen. «The "Crucified God"». *Interpretation, A Journal of Bible and Theology*, julio, 1972.

Mondin, Battista. «The Christological Experiment of Hans Küng». *Biblical Theological Bulletin*, abril, 1977.

Packer, Jim. «The Vital Question». *Themelios*, abril, 1979.

Pinto, Evaristo. «Jesus is the Son of God in the Gospels». *Biblical Theological Bulletin*, otoño, 1974.

Ramm Bernard. «Shrinking the Son of God». *Eternity*, abril, 1980.

Reese, James M. «How Matthew Portrays the Communication of Christ's Authority». *Biblical Theological Bulletin*, julio, 1977.

Runia, Klaas. «A "New" Christology Challenges the Church». *Christianity Today*, 4 enero, 1974.

—: «The Deity of Christ Assailed». Editorial, *Christianity Today*, 23 septiembre, 1977.

Witmer, John A. «Did Jesus Claim to be God?». *Bibliotheca Sacra*, abril, 1968.

Wuest, Kenneth. «The Deity of Jesus in the Greek Texts of John and Paul». *Bibliotheca Sacra*, julio, 1962.

Índice analítico

Un asterisco (*) delante de una palabra indica que la palabra que sigue tiene entrada en este índice. La «n» después del número de página se refiere a la nota al pie de la página.

Índice de textos bíblicos

Antiguo Testamento

Nuevo Testamento

El autor combina un análisis histórico, lingüístico y teológico de cada pasaje del libro del Génesis, y expone la relación de los diversos relatos, personajes y sucesos entre sí. Se trata de una obra que, indudablemente, será un recurso exegético y teológico clave para predicadores, estudiantes de la Biblia y todos los de habla hispana que aman y desean crecer en el conocimiento de las Escrituras.

Esta obra tiene como propósito presentar la realeza de Cristo. Pone de manifiesto que Jesús es el Mesías prometido en las Escrituras proféticas. Mateo escribió su tratado para una comunidad judía que se había convertido a la fe cristiana. La comunidad de esos tiempos se preguntaba: ¿Qué ha pasado con el Reino prometido? ¿Qué papel desempeña la iglesia en el plan de Dios? ¿Qué parte tienen los gentiles en el Reino del Mesías? Evis Carballosa analiza cuidadosamente las respuestas de Mateo a estas preguntas en este recurso indispensable para todo pastor y estudiante de la Biblia.

Se trata de uno de los mejores estudios exegéticos del libro de Apocalipsis disponibles en español.

Como conclusión de la revelación escrita de Dios para el hombre, el libro del Apocalipsis es vital para comprender las escenas finales de la historia tal como la conocemos, y el inicio de la soberanía absoluta en el reinado de Dios como Rey de reyes.

EDITORIAL
PORTAVOZ

NUESTRA VISIÓN

Maximizar el efecto de recursos cristianos de calidad que transforman vidas.

NUESTRA MISIÓN

Desarrollar y distribuir productos de calidad —con integridad y excelencia—, desde una perspectiva bíblica y confiable, que animen a las personas a conocer y servir a Jesucristo.

NUESTROS VALORES

Nuestros valores se encuentran fundamentados en la Biblia, fuente de toda verdad para hoy y para siempre. Nosotros ponemos en práctica estas verdades bíblicas como fundamento para las decisiones, normas y productos de nuestra compañía.

Valoramos la excelencia y la calidad
Valoramos la integridad y la confianza
Valoramos el mérito y la dignidad de los individuos y las relaciones
Valoramos el servicio
Valoramos la administración de los recursos

Para más información acerca de nuestra editorial y los productos que publicamos visite nuestra página en la red: www.portavoz.com